地方立法公众参与实践研究

韦嘉燕 著

中国商业出版社

图书在版编目（CIP）数据

地方立法公众参与实践研究 / 韦嘉燕著. -- 北京 : 中国商业出版社, 2023.8

ISBN 978-7-5208-2607-5

Ⅰ. ①地… Ⅱ. ①韦… Ⅲ. ①地方法规 - 立法 - 研究 - 中国 Ⅳ. ①D927

中国国家版本馆CIP数据核字(2023)第164377号

责任编辑：聂立芳
策划编辑：张　盈

中国商业出版社出版发行
(www.zgsycb.com　100053　北京广安门内报国寺1号)
总编室：010-63180647　编辑室：010-63033100
发行部：010-83120835/8286
新华书店经销
北京虎彩文化传播有限公司印刷

*

710毫米 × 1000毫米　16开　15.5印张　236千字
2023年8月第1版　2023年8月第1次印刷
定价: 58.00元

* * * *

（如有印装质量问题可更换）

前言
Preface

地方立法公众参与实践是笔者一直以来特别关注的课题之一，关于地方立法参与实践中产生的问题，笔者在中南财经政法大学攻读博士期间有了系统、深入的思考，并得到中南财经政法大学法学院博士研究生导师们的指点，其间有幸受聘于南宁市政府立法咨询员，得到了参与地方立法、从自身所学专业出发发表专家论证意见的机会。“治其器必求其用”，笔者将在南宁学院任教期间所讲授的理论应用于实践中，为地方法治建设尽绵薄之力。

从我国地方立法制定过程的实际来看，除了立法法律规定的立法制定主体外，社会公众、媒体、专家等多个主体也会参与立法过程，并在推进立法程序、参与立法内容决策上产生一定影响。本书吸收了当前立法理论领域的最新成果，关注我国地方立法公众参与的最新立法实践，将理论与经验相结合，既注重地方立法公众参与理论的体系构建，也注重地方立法公众参与实践的经验总结。本书分为上、下两篇，上篇在阐述我国地方立法公众参与的概念、必要性、规范依据与程序的基础上，研究我国地方立法公众参与的实践形式与途径；下篇以笔者近年来地方立法公众参与立法实践基础及形成的工作文稿为例，从现实地方立法公众参与活动的经验事实和实证材料中考察、总结和归纳地方立法公众参与活动的功能过程，通过对地方立法公众参与的实践现状与成就取得、地方立法公众参与的具体实践与相关依据、参考资料等内容的探讨，尤其是重点以我国地方立法的准备阶段、程序阶段、完善阶段的公众参与连续的、动态的过程为观察点，对具体实践现状进行描述，提供审查实践操作案例指引，提出地方立法公众参与相应的规范完善建议。同时，通过多篇近年实践中的地方立法公众参与立法建议的案例文本，展示各参与主体在立法过程中不同阶段参与途径、各类实践形式的参与角色和思考方向及思路的实际图景，从而体现地方立法公众参与制度的价值和意义。本书是教育部人文社科青年项目《乡村治理机制创新中的法律风险研究》（项目编号：20XJCZH008）；广西壮族自治区哲学社会科学规划项目《乡村振兴背景下农村公共产品供给的法学思考》（项目编号：20FFX001）阶段性研究成果。本书中的内容与南宁学院商学院硕士点建设的目标相契合，可为高校人才培养提供财经素养、法律制度、政策研究支撑，在广西教育科学“十四五”规划2022年度财经素养专项课题一般课题“基于创新创业能力导向的大学生财经素养教育培养模式研究”（项目编号：2022ZJY2472）和广西本科高等教育改革工程项目2020年度一般项目A类课题“基于OBE理念的卓越财务管理专业人才培养模式研究”（课题编号：2020JGA365）中也发挥了作用。

掩卷思量，饮水思源。本书得以付梓出版得到了诸多的帮助，在此对为本书出版提供诸多便利和帮助的南宁学院商学院、中国东盟智慧财务研究院的领导和老师表示诚挚的谢意。

目录
Contents

上 篇

下 篇

上　篇

绪 论

一、地方立法公众参与的研究背景及研究意义

（一）研究背景

在推进法治建设的过程中，公众的民主意识不断增强，公众用多种形式参加了社会生活的管理。我国采取的是人民代表大会制度，确保了公众充分参与社会生活管理，从而发挥其应有的作用。通过多种形式对政府的各项工作进行监督，以保障公民的权利，维护国家社会稳定发展，已经成为地方治理法治化的必然要求。《中华人民共和国立法法》（以下简称立法法）明确指出，立法要以人民为中心，恪守“以民为本”，要科学立法、民主立法。近年来，由于地方性法规、规章条款数量有限且与地方实际有一定差距，虽然地方立法权的扩大使得许多地方性法规和规章得以制定，但我国立法实践中仍存在一些法规、规章制定后使用率不高而“束之高阁”的问题。原因是，地方立法条款数量的增多往往意味着地方立法规定得更加详细，也意味着更多的义务和责任被赋予了更多的限制，从而使得地方立法条款的实施更加困难。此外，一些地方性法规和规章还存在着不合理、不合法等问题，也使得地方立法条款难以得到有效实施。因此，要想提高公众对地方立法的信仰实现守法自觉，就必须改变这一现状。

（二）研究意义

一部地方性法规、政府规章之所以很难得到执行，更多的是因为它与公民立法需求之间的关系存在着矛盾。这种矛盾可能表现为法规、规章与

公民立法需求之间存在着分歧，也可能表现为法规、规章的制定主体与公民之间存在着利益表达诉求的冲突。① 在新时代、新阶段提升地方立法质量，需要实施立法供给与需求良性平衡的程序制度。② 因此，要想真正实现一部法规、规章的实施，就必须考虑上述这些矛盾。

法规、规章的构建，首要问题是规范内容形式的正当性。正当性有两方面，一是合法性，一是可接受性，即为大众所承认，为大众所认同。因此，法规、规章在制定时应充分考虑社会民意和社会环境，符合社会公众的普遍道德与价值遵循③。可接受性作为正当性的实质条件，是判断法规、规章是否正当的关键。因此，能够促进立法参与者更关心地方立法的执行状况，使法的执行因了解强制性规范的制定目的和规制背景变得更加容易。公众参与者通过积极参与立法活动及时发现地方立法的漏洞，提出填补漏洞的建议以确保地方立法的有效执行。就像一些学者所说，最佳的决策是由民众自发选择而非被强迫执行的决策，民众更倾向于选择通过公开讨论、代表大众意见的决策，而不是通过暗箱操作，只反映个别人群意见或利益的决策，从而更加有效地达成公共利益。这种决策来自社会实践所形成的经验获得，在此基础上提出的意见贴合社会的发展，有助于解决社会中存在的实际问题。公众自发选择的立法决策是一种“零成本”决策，可以帮助公众在面临法规、规章限制时做出更好的选择。此外，这种立法决策也有助于改善社会秩序、降低社会冲突和矛盾，并减少社会风险。只有在充分保证公众参与的基础上，制定一系列有利于提高地方立法质量的地方性法规和规章，才能制定出一部符合社会发展需要的良法。

为了使地方立法的公众参与更加科学化，应该鼓励公众积极参与到立法过程中，让整个立法过程变得更加透明。立法机构也由此更加深入地研究社会发展变化，更精确地了解公众的需求，深入、全面地收集公众意

① 郭晓燕，李拥军．公众参与立法的功能异化与矫正路径[J]．齐鲁学刊，2021(2)：112－121.

② 宋才发．地方立法的质量、困境与出路研究[J]．山东行政学院学报，2022(3)：30－39.

③ 秦丛丛．地方立法“坚持以人民为中心”的制度体现及路径优化[J]．喀什大学学报，2023，44(1)：49－55.

见，以便更好地制定出满足公众需求的立法，并确保立法的科学性和可行性，从而有效地保障公众的权益。公众对自身利益诉求的表达已经常态化，在越来越多的公众参与公共事务管理，尤其是在制定地方性法规和规章时，随着公众民主意识的提高，这一趋势尤为明显。在地方立法中，公众参与采取了多种途径，包括立法听证会、立法论证会、立法征集建议等。这些途径使公众参与到地方立法中来，为地方立法的制定奠定了良好基础。立法的过程其本质上就是不同意志需求的多方主体利益的博弈，让公众参加以便公众能表达诉求，加强沟通的机会，立法机关在这一进程中要兼顾不同的利益。这一举措符合了最近几年民众日益增长的参与需要，不仅可以有效地促进民主发展，也可以有效地提高公民的参与度，这是对民众呼声在微观层次上的反应，表明了政府承担着维护社会稳定和公共利益的责任，立法机关通过地方立法公众参与一系列措施保障制定符合公共利益的良法，促进政府强化行政管理、完善地方立法制度、推进民主参与等，来确保政府依此良法维护公民权利的有效运作。大众是智力的主要组成部分，他们的利益表达和价值观的认识对于制定法规、规章有着重要的影响。他们对政治、经济、社会等方面的看法和行为，会影响到立法的制定和实施。因此，在制定法规、规章时，应该充分考虑到大众的个性化利益表达和价值观认识，并将其纳入立法规定中来；其内部动力在于运用大众的智慧去补强精英化的立法格局，从而达到“提升地方立法品质”的目的，以确保社会公正、公平和谐。

当然，我们也应注意到，这些成绩和人民群众的需求仍存在差距，而且在这一过程中，还存在问题。由于这些参与形式没有统一的法律规定，缺乏相关法定的配套程序制度以及权利救济机制等原因，因此造就了民众对地方立法态度上的不主动，未能发挥有效作用。因此，要想办法应对公众在参与地方立法中所遇到的各种问题，保障公众有效地参与地方立法。

本研究有助于明确制定地方性法规和规章的公众参与性理论基础，推动社会大众参与地方立法的有序进行，为地方立法机构在提高参与质量的同时，找到一条完善公众参与立法、帮助公众参与意识增强的新路径。在这样的背景下，如何通过民主立法和科学立法来增强人民群众对地方立法的积极性和紧迫感就显得尤为突出。

二、地方立法公众参与的研究现状

（一）国内研究现状

国内对地方立法制定中的公众参与问题进行了探讨，从初步探讨到目前的制度化，是一个逐步发展的过程，但所取得的成果和人民群众的需求还有一定距离。从20世纪90年代开始，学界对这一问题进行研究，经过30年的不断探索，已经取得了一些成绩。

从宏观角度看，研究以当地法律为基础，制定群众参与的基本概念、理论依据、参与程序和参与形式等。一些学者对公众参与的形式进行了专门研究；如宋才发在《地方立法的功能、权限及质量》一文中提出，在立法功能方面，应明确我国法制构建过程中的“地方”内涵，结合当地具体情况细化上位法规范，增强地方以人民为中心的立法理念；朱景文在《关于立法的公众参与的几个问题》一文中提出，全民讨论这种形式应当成为我国公众参与的主要形式，但不能是唯一的形式。还有一些学者基于不同群体的利益诉求进行了研究，例如万其刚在《立法的民主化和公众参与立法》一文中提到，立法工作必须贯彻民主化路线，要充分反映民意，学习国外的优良制度，保证不同群体的诉求；郑文阳在《立法中涉及重大利益调整论证咨询机制研究》一文中提到，为保证重大社会利益分配具备民主性，要在坚持民主协商原则基础上完善立法中重大利益调整论证咨询机制，主体制度须从人大代表、社会团体、专家学者三个角度健全，并实现立法评估、立法听证、立法论证的制度深化；在《地方立法与公众参与机制探析——基于博弈论视角的考察》一文中，孙冠豪和熊琼主张，要把博弈论引进地方立法，由立法机关承担构建多方主体对抗利益的协调机制，从而使得立法过程透明化、具体化。此外，还有学者对地方性法规制定全过程中的程序问题进行了探索，例如，姚小林对广东省的地方立法模式进行了全方位的探索，并研究了其在立法准备阶段、正式立法阶段的公众参与以及完善阶段的公众参与中存在的一系列问题，为地方性法规制定中公众参与模式的转换提出了建设性的意见。当然，也有一些学者对地方立法存在的问题进行反思并提出改进路径，如封丽霞在《地方立法的形式主义困境与出路》一文中认为，目前地方立法存在着“追求大而全”“崇拜法典”、抄袭其他地方立法、地方特色萎缩等形式主义问题，其认为拓展立法公众参与途径是地方立法形式主义治理手段之一。李建新在《公众参与地方立法的局限》一文中认为公众在价值理性方面具有优势，为了达到立法的公益目标，使立法兼具正当性与合理性，就需要将公众作为立法主体的理性特点纳入地方立法中，才能最终发挥公众参与的效能和作用，提升立法质量。

从微观角度看，研究多集中在公众参与地方立法中的特定参与制度，例如听证、立法信息公开、公众参与监督等，比如包文艳在《地方立法如何扩大公众参与》一文中建议，立法的整个过程都要反映公众参与的诉求，加速制度的创新，健全监督，使其不断完善；还有一些研究集中于完善立法准备阶段的民意征集制度，如杨维立的《地方立法准备阶段民意参与机制思考》，分析了立法准备阶段公众参与的有限性以及形式化，他建议应当公开征集立法建议，完善反馈机制，并且在法规起草阶段形成预评估机制。有的学者对公众参与地方立法的具体形式进行研究，如朱最新在《论证抑或评估：地方立法立项的程序选择》一文中提出，《中华人民共和国立法法》《规章制定程序条例》确立了立项论证评估制度，应通过规范分析对立项论证评估，从地方实际出发，对地方立法立项论证制度、立项评估制度予以具体化、规范化，以实现地方立法立项制度的精细化，助推地方立法迈入高质量立法的新时代。陈俊荣、魏红征的《地方立法后评估框架性体系探析》围绕评估目的、评估主体、评估对象与内容、评估组织、评估方式等多个方面展开深入探讨和分析，提出更加符合地方实际的立法后评估框架性体系。此外，还有学者通过对基层立法联系点的深入研究，论述了基层立法联系点的重要作用，如孙莹在《基层立法联系点是民主立法的有效途径》一文中详细阐述了基层立法联系点的重要作用，有效扩大了公众参与的形式。还有学者从听证制度的现状、适用范围以及存在的问题入手，对其进行全面的分析，例如饶世权在《论公众参与视域中的地方立法听证制度》一文中深入阐述了听证制度在地方立法中发挥的重要作用。一些学者从立法文本结构和语用学视角进行研究，提出立法精细化提升的路径，如丁祖年、粟丹的《地方立法精细化的内涵与路径》对于表达的精练性，要求地方立法做到文本结构精练和文字表述精练。通过上述分析能够发现，现阶段关于这一问题的研究我们已经取得了一些进展，无论是在理论层面还是在实践层面都获得了很大的进步。但总体而言，我们的研究角度相对局限，研究深度也有待加强，还需继续丰富研究成果。

（二）国外研究现状

国外关于立法等公共事务决策、公众参与问题的研究起步较早，理论发展较为完善，实践中也具备完善的程序规范。卢梭认为，实现真正的民主就是在决策的全过程都应当有公众的参与。佩特曼是参与式民主的代表，他在其著作《参与和民主理论》中提出，所有的公民都应该充分利用机会，行使好手中的权力参与到公共事务的决策以及执行中，以确保立法、行政机关能够更好地满足社会需求，促进社会和谐发展。巴伯认为自由主义民主是一种相对弱势的民主，公民应该获得平等机会参与社会生活管理并为其利益需求发表意见，在其著作《强势民主》中，他清楚地表明，自由民主制度存在着种种弊端，必须用参与性的民主制度加以完善。国外关于立法听证制度方面的研究也是非常多的，主要以莱昂·比林司和鲁道夫·卡贝尔为代表。莱昂·比林司在他的著作中对美国各州的听证制度作出了详尽的论述。鲁道夫·卡贝尔也对立法过程中听证制度的运用进行了详细的阐述。国外的相关文献对我国在制定地方性法规、规章等立法活动中的公共参与具有很好的借鉴作用，我们在进行这些方面的学习和借鉴时，要从我国自身的具体国情出发，并与各个地区的客观需要相结合，来进行吸收和借鉴，而不是一味地照搬照抄，要避免出现公众参与制度的水土不服。

第一章　地方立法公众参与的基本理论

一、地方立法公众参与概述

地方立法可以分为两种，一种是广义的，另一种是狭义的。广义的地方立法是享有立法权的各级人大和政府根据《中华人民共和国立法法》（以下简称立法法）规定的权限范围，对地方性法规和政府规章的制定、修改和废止活动。狭义的地方立法仅限于享有立法权的各级人民代表大会及其常务委员会对地方性法规制定、修改和废止的行为，并不包含地方政府制定规章的行为。如由政府部门或各有关单位制定的通告、执法手册等具有细化执行或解释功能的规范，均不为地方立法所涵盖。本章所谈到的地方立法中的公众参与，采取了广义的地方立法的含义，它是指公众利用多种渠道，直接参与到地方人大及其常委以及政府制定、修改和废止地方性法律、法规的过程中。在这个过程中，参与立法过程中的各方面代表，充分发挥自己的专业优势和智力，使得所制定和废止的地方性法规、规章能够更好地适应当前社会发展的要求，更好地满足人民群众不断增长的物质文化需求。在地方的立法制度中，公众可以通过各种各样的方式，如座谈会、征求意见、听证会和旁听等，对地方立法相关规定进行更多的了解。目前，社会公众对地方立法的参与在某种程度上已经取得了一些成效，应更注意充分反映公共参与的普遍性和实效性。

二、地方立法公众参与的规范性依据与程序

（一）地方立法公众参与的规范性依据

《中华人民共和国宪法》（以下简称宪法）关于地方立法公众参与的法律条文主要包括第二条、第二十七条、第四十一条。根据宪法第二条规定，国家权力的获得来源于人民赋予，而在依法授权的前提下，人民有权以各种方式参加国家的经济、政治、社会生活等管理活动。立法是一种公众有权利参加的国家事务管理活动。这表达了人民主权原则的内涵和意蕴。根据宪法第二十七条规定，立法机关的工作人员在立法的时候也不能脱离人民群众，在立法的时候要体现出民意，让法律规范能够真正地为人民群众所思所想的问题解决提供帮助。该规定属于确定性规范，它对人民群众批评建议的权利作出了具体表述，同时，从事立法工作的人员在行使立法工作职权时也应当依法接受批评建议。从事立法工作的工作人员在从事立法工作时，应该依法采纳公众合法合理的意见。宪法对公众参加国家生活管理作出了明确的规定，并以立法法为主体对民众的立法行为进行了特殊的规范和调整。立法法第六条以法定的形式明确了立法的民主原则和规范价值，对公众参与各类立法活动的权利进行了明确的规定。这样，就使得公民在立法过程中的参与有了法律依据，从而在立法的层面上赋予了公民在立法过程中参与的权利。立法法第三十九条中，规定人民代表大会常务委员会工作机构应当将拟定法律草案发送给利益关系各方及社会公众听取意见建议，"应当"这个词使用的是一个强制性规范用语，表明了立法法对法律制定时公众参与的要求，突出了人民群众的参与在立法中的重要性。同时，还对各机关的民意收集以及社会各界表达民意的一些特殊渠道和方法进行了详细的阐述，例如座谈会、听证会等。第七十条吸纳实践中听取立法意见、体现民主的好做法，增加了关于"设立基层立法联系点"的规定。虽然宪法以原则性规定的形式赋予了人民群众对当地立法参与的正当性，立法法以宪法法律的形式对公众参与当地立法的具体方式进

行了详细的阐述，但也可以看到，两部法律在人民群众对当地立法参与的具体要求、内容和程序方面仍然存在着一些缺陷。比如，立法法中倾听各方面声音的要求，在对“各方面”的认识上，由于立法法对所听取的各方面意见的不同主体对表达的理解以及对相关法人组织、专业人士的定义等问题上，都没有作出清晰的规定，所以，在未来，我们要进一步加强对地方立法中公众参与制度的构建。按照立法法的要求，一些省级和市级的人民代表大会相继通过了有关地方立法公众参与的相关立法，但是也有一些省级和市级的人民代表大会都只在地方性法规公众参与中作出了一些原则上的规范。从总体上来说，我国各地的立法机构对此问题的有关法律法规仍不够完善，只有部分是专门针对这一问题而制定的。此外，大多数的法律只是在法律的项目的启动和草案的制定上进行了一定的规范，而在立法评估方面的规范却十分薄弱。所以，在各地的法律制定中，如何保证公众地方立法的有效参与，还有待进一步完善。

（二）地方立法公众参与程序

地方立法必须遵循的立法流程步骤是依据法律规定的立法程序来进行安排的。从概念和定义上说，地方立法程序是指按照一定的法律法规的规定，在地方行政区域内，为维护公共利益和社会秩序，制定、认可、修改、补充、解释、废止程序和步骤，针对特定领域制定和修改地方性法规及政府规章，以及对已有法律法规进行调整和补充等活动。近年来，我国不断加强法治建设，出台了一系列的法律法规，但是仍然存在着一些不足，其中之一就是尚未制定出一部完备的程序法典。在法律体系中关于程序方面的规定相对较少，不能适应现代社会对程序的需要。为此，我们应加强与程序有关的法律法规，制定出一部完备的程序法典，以适应现代社会对程序的需要。因此，为了提高地方立法的质量，我们需要尽快建立一套完善、规范、实用的地方立法程序法体系，以满足地方社会经济发展的需求，确保立法能够有效实施，从而促进经济社会发展和完善国家治理体系。

为了提高法律法规的实施效力，我们应当通过公众参与加强立法程序的规范监督，从而确保立法程序更加科学化、合理化。依据现行立法法规定，省、自治区、直辖市，较大的市和设区的市的人民代表大会及其常委会，是负责法规草案起草的法定主体，在对地方的立法审议程序进行规范与改进方面，当地立法机关要充分发挥公众参与的作用，构建成体系的专家论证机制，进行风险评估和合法性审查，并最终形成一个集体讨论决定的制度，以确保法规制定的科学性和可行性。同时，为确保法规实施的正确性和有效性，必须做到一抓到底、抓出成效，真正实现依法治国的目标。

第二章　地方立法公众参与的实践途径

一、地方立法公众参与的形式

（一）公开征求意见

公众参与立法是立法践行发展全过程人民民主的内在要义，也是新时代推进民主立法的必然要求，是“发展全过程人民民主”与“民主立法”议题的“思想交汇”和“实践交集”①。依据《中华人民共和国立法法》第四十条规定，立法机关应当向社会公布法律草案及其起草、修改的说明，并向社会公开征求意见，向社会通报征求意见的情况。从这一点可以看出，法律草案对民众公开，并在公众中进行广泛意见的征集，已经变成一种常规的操作机制和必经程序。公开征求意见作为供给型公众参与，这种方式简便易行，是目前各省地方立法条例中普遍规定的公众参与地方性法规立法的途径。此种方式通过充分保障公众的知情权，实现公众对地方立法的全面了解，促进地方立法高质量和高效率的双重实效，使立法过程中既能反映民意，又能提高民主实施程度。

公众的知情权作为公民参与立法的前提，是实现立法民主性的关键。因此，应该加强对公众知情权的保障，使其能够有效地发挥作用。公众对相关信息的了解程度决定了公众参与立法的效果，因此立法信息公开变得尤为重要。立法信息公开一般有两种方式，一种方式是立法机关在法规、规章制度制定完成得到通过之后，在公示期内进行公示。例如，地方人大

① 王群．立法公众参与的若干基本问题辨析[J]．人大研究，2023(1)：41－44.

制定地方性法规之后，及时在官方网站公布以及相关报纸上刊载。另一种方式是立法机关在相关法律制定过程中将法律草案向全社会公布，征集公众对草案的意见。在新时期，我国的立法机关在制定法律时，不仅考虑到公众的意见，还更加重视公众的作用。他们把公众的意见和建议作为重要的参考，充分利用公众的智慧，深入挖掘出真正对立法有益的意见和建议。此外，立法机关还积极听取社会各界人士的意见，充分发挥社会各界人士的作用，形成良好的立法环境。

立法机关在更加注重吸收公众意见的同时，也做出了一些应对措施，例如及时在官方网站、报纸上公布立法信息，公众将意见输送到立法机关，公开征求意见的参与途径在立法各个阶段都会运用到立法工作中。比如，在立法准备阶段，一是征集立法规划、立法项目等方面的立法建议。该项规定赋予了公众在地方性法规制定中的直接参与权，不必经过任何中间部门传递意见，立法机关通过直接对话，可以更加直接地了解公众的意见和建议，从而更好地调整立法的内容，提高公众参与热情，实现立法工作的优化和完善。二是征求对立法草案的建议。地方性法规立法中征求对立法草案的意见，公众直接参与的方式也在这一规定中有所体现。各省级地方立法条例中都有立法项目建议的公开征求规定，在制度层面上已经实现了普遍性。从法案到法的阶段，在省人民代表大会常务委员会立法权限和工作流程中可以再次看到公开征求意见。在某项法律草案形成后，立法机关将在其官方网站上公布地方性法规草案，并且利用官方新闻媒体、座谈会、听证会等形式，广开言路吸收公众的意见，这样才能针对多方利益主体的意愿需求及时修改和完善相关法规、规章规范条款。各省在条例草案出台至审议阶段，均规定立法机关须向社会公布草案征求公众意见，而且条文的用语是“应当”，使其成为强制性规定，从而保证在该时期内公众立法参与权利的行使。在立法完善阶段，公开征求意见主要体现在立法后评估工作中。立法后评估工作的职权主体是人大、政府立法机关及其工作人员；立法后评估的评估参与主体主要包括专家、教育科研单位以及社会组织。评估工作完成之后，负责部门应将评估情况向省人大常委会报告。

随着互联网的普及，网民人数不断增长，互联网的使用日益广泛，网络技术发展也更加成熟，这为公民参与立法提供了更加便捷的平台。另外，微博、微信公众号等新型信息传播方式的兴起也极大地拓展了公民参与地方立法的渠道，使得公民有机会更有效地参与地方立法活动。我国积极推动网络立法工作，持续地对有关的法律制度规范进行改进，在此过程中，初步建立起了一个比较完备的网络法律制度体系，在网络立法方面取得了明显的成果。在网络中，公民可以表达自己的诉求，向立法机关提出自己的立法建议，因此所产生的公共意见可以对地方性法规、规章的变化产生一定的影响。

在最近几年中，各级人大和政府也在积极探索一种新的意见汇集模式，以便更加有效地收集公众的意见，并及时做出积极的回应。将网络征求民意视为公共生活民主化的主要内容，并建立新的渠道，以便于收集更多的、不同来源的信息，让人们更加及时、准确地了解地方立法的制定情况。通过网络收集民众的意见和建议，地方人大和政府可以更好地了解民意、掌握民意、回应民意，从而合理地制定法规、规章，完善管理、促进民主。从国家的长远发展规划、立法和公共法规以及规章的制定，到人大代表对议案的征集，到处都能看到网络征求民意的影子，网络征求民意正在变成公共生活中的一个符号。

与其他途径比较，网上征集的建议可以更好地收集公众的意见。首先，基于因特网的跨地域和便捷的特性，网上征集意见的方法成了一种快速有效解决问题的途径，它能够使人们在短时间内收集大量的意见，避免因人力、交通和地域等因素而造成的耗时长和费用高，但是得到的建议却很少等问题。立法者只要将地方立法草案的内容张贴到网上，就能得到来自不同地方的公众的建议，这样既省时又省钱。其次，因为没有了地理位置和许多实体条件的制约，参与者只要拥有一台联网的电脑，甚至是一部手机，就可以对立法草案提出自己的看法。在立法的过程中，立法机关可以随时通过网络向社会征集意见，以便更好地了解公众的诉求和建议，这不仅能帮助立法机关更好地完善立法程序，也能让公众参与到立法秩序的形成过程中，充分发挥作用。再次，立法者要想有效地开展地方立法工作，就必须掌握民众的意见倾向，即民众所期待的地方立法是什么样子的，以确保制定出来的法律条款能够符合民众的意愿。因此，立法者必须借由网络深入了解民众的需求，以确定他们想要什么样的地方法。只有这样，立法者才能制定出更有效、更符合民众意愿的法规、规章，以确保地方立法能够有效地执行。其重大的意义在于，从公共利益的观点来看，民众通过网络这一便捷方式就地方立法草案发表意见，讨论内容涉及立法的必要性、可行性、实施过程中可能出现的问题等，并与其他公众进行交流和协商，以形成共同的意见，从而使参加讨论的民众认识到地方立法草案是如何形成的，也能够准确了解到地方立法草案的具体内容；从公众的视角来看，通过网络方式公开制定地方立法的程序变成了解地方立法的程序，网络平台成为地方立法的宣导通道。借助网络平台构筑的通道公开制定地方立法的程序是一种让公众能够更全面、高效地了解地方立法的方式，它不仅是一种形式上的宣传，更是一种内容上的宣导，它让公众更好地理解地方立法，从而更好地遵守地方立法。民众对于他们所参与制定的地方立法，常常会有更多的认可和尊敬，他们更乐意接受地方立法的制约，以确保公正、公平、公开的司法环境，进而保证社会秩序的稳定发展。

2008 年 4 月，中华人民共和国第十一届全国人民代表大会常务委员会通过了一项决议，要求只要是由常务委员会讨论的与立法有关的议案，就应当将其发布到全国人民代表大会官网上，以供公众发表意见。除了全国人民代表大会常务委员会之外，早在 2007 年开始，国务院就已经在互联网上进行意见征集，并要求对所起草的行政法规、部门规章草案，只要不涉及国家秘密、国家安全的内容，原则上都可以在互联网上进行公开，并对公众征求意见。公民只要登录国务院有关立法部门的官网，按下鼠标查找法规、规章征求意见的相关系统，就可以轻松获得关于草案的相关信息，并且可以就自己对草案的看法提出建议，参与到立法进程中来。此外，公众对各地方性法规、规章网上的意见征集工作也空前关注和高度重视，积极参与到征集意见中来。许多城市也将地方性法规草案在官网上公开，并且向公众征集意见和建议。一些市政府立法部门还出台了《关于地方性法规规章草案公开征求意见的若干规定》，为公众参与征集意见的方式提供依据，为当地公民参与法规、规章制定提供了便利，并在此基础上相继推出了在线征求意见的制度。从网上征求意见的内容来看，其中所涉及的建议内容归纳起来包括以下三个方面：

1. 对地方立法草案征询评价和提议。这是当前网上征求意见的最大亮点，它有助于及时收集公民对地方立法草案的意见，从而有效地完善地方立法草案，提高立法质量。立法意见征询系统表达立法建议的方式有三种：第一种方式是在各个地方立法条文之下，设立表达建议的窗口，市民可以将自己的意见和看法通过这种方式表达出来。第二种方式是在整个文稿的后面，设立“提出建议”的视窗；第三种方式则是采用电子邮件和传真的方式来表达自己对某一问题或事件的看法。目前，大部分省份和城市都采取了第三种方式，公民可以用电子邮件和传真的方式来表达自己的看法。

2. 提出有关立法的提案。有关立法的提案，包括五年内的立法计划以及每年度的地方立法计划，其中包括制定一项新法规、政府规章以及出台配套规范，并就这些地方立法计划相关建议进行讨论和协商。主要围绕地方人民代表大会常务委员会对本级人民政府、法院、检察院的专项工作报告进行聆听和审议的监督检查，旨在提高人民代表大会常务委员会的工作针对性和实效性。

3. 在网络上征集议案和建议。人大代表、政协委员利用互联网，在网上公开征求他们的议案、提案，或者把他们准备提交会议的议案、提案在网上公开，征求群众的意见。网上征询意见“拓宽了人民代表大会的民意来源，使人民群众提出的建议更多地反映在地方立法上”。但是，从网上征集意见的运作及成效的考察来看，也存在着一些因泥沙俱下而亟须改进的问题，比如对网上征集意见的把握不够准确、收集信息不够全面、反馈机制不够完善等。这些问题可能会导致在收集和反馈过程中出现一些偏差，从而影响最终效果。

随着社会经济的不断发展，公众对地方立法的要求越来越高，他们渴望更多地参与到地方立法的制定中，以维护自身的权益。同时，民众参与地方立法的能力也在不断增强，他们有能力提出自己的意见和建议，促进地方立法更加科学合理。立法部门将地方立法公布于众，加强公众参与的意见交流①，以一种开放性的态度来寻求网上的意见，完善公众参与意见反馈机制，对公众立法参与意见权利回应②，有利于民众参与立法决策，促进社会民主化进程，同时，也可以有效地解决社会矛盾。

（二）立法调研

地方立法需求识别能力的提升能提高地方立法能力③，通过立法调研能够更有效识别地方立法需求。立法调研是立法机关通过有组织、有计划和有目的地从基层群众积极获取信息，以了解社情民意的一种方式。通过立法调研，立法机关能够及时准确地把握社会发展变化趋势，及时了解民情，把握社会发展动向，为地方立法的制定提供有效参考。为了更好地帮助立法机关理解和把握被调研主体的需求，需要深入调研了解公众的真实想法，分析他们所表达的意见特别是存在较大差异的意见，并将这些意见进行归纳整理，从而让立法机关在了解被调研者真实想法的基础上，更好地制定地方性法规、规章。

1. 立法调研具有针对性。立法机关将收集到的数据加以分析，并将其总结梳理出一些被高度认同的意见或存在较大差异的意见，在立法过程中，将这些问题优化处理纳入所制定的规范之中，或者在接下来的立法讨论中，有重点地加以解决。为了实现这些目标，需要设置与所制定或修订的法规、规章有关的迫切通过立法解决的问题，在调研中深入研究这些问

---

① 程冬冬．设区的市人大立法公众参与的问题与对策[J]．学理论，2021(3)：58.

② 孙有略，梁厚浩．公众参与意见反馈机制的缺陷与完善——以地方行政立法为视角[J]．广西民族师范学院学报，2019，36(6)：58.

③ 张琼．类型化视野下的地方立法能力及其现代化路径[J]．法商研究，2023，40(1)：63.

题，并结合当前的立法技术手段，对这些问题进行深入剖析。

2. 立法调研是一个持续的过程。调研工作往往需要多次反复进行，并对法规、规章所涉及的相关利益主体采取不同的调研方案，才能得到想要的结果。在调研过程中，可能会出现各种问题，只有不断地完善和改进调研方案，才能达到预期的目标。

3. 立法调研使公众获得了一个能够表达意见、提出建议的途径。调研活动是在整个立法活动都可以进行的，在这个全过程中，公众可以积极参与其中，表达自己的观点，提出自己的建议，更好地了解地方性法规、规章。公众作为被调研主体可以在调研过程中与实施调研的立法机关或立法机关委托的第三方调研主体进行对话，对重点问题交流看法，对讨论的焦点问题，当下交换意见，针对存在分歧的观点，实时辩论。

4. 立法调研可以促使政府有关部门、法律专家、学者及相关参与者进行交流，充分了解法规、规章的立法背景及条款内容，更好地参与到立法活动中。

5. 立法调研为各种利益主体发表意见提供了一个辩论博弈的平台，这一平台使各种利益主体可以就共同关注的问题进行充分交流，以求找到最佳解决方案，这一平台也使得各利益主体之间可以实现信息的交互，从而为立法工作提供了更高质量的民意。

在调研中，立法机关需要不断地发现人民的需求，及时调整工作内容，以确保立法工作的顺利进行。可以通过实地走访、调查问卷、征求意见等方式，深入了解民意，以便更全面地把握群众的实际需求。

（三）立法论证

在立法活动过程中，立法机关组织各方参与会议，就立法主题进行深入讨论，以提出意见和建议，供决策者参考。立法论证是一种重要的法律制定过程，在这个过程中，立法者将邀请各方参与者共同探讨法律草案的内容，并就其合法性、合理性和可行性提出意见和建议。立法机关将在充分听取专家、学者及法律事务工作者的研讨意见和建议，以及通过分析研究，深入调研，确保法规、规章草案符合社会发展实际需求，并在此基础上对法规、规章草案进行修改和完善，以确保法律议题满足社会实际需求，为社会发展提供有效的法律支持，以更好地保障社会稳定发展。

论证会的主要目的是提供一个科学、客观、公正的论证依据，让立法者和其他有关人员能够在参与立法论证的过程中提出自己的观点，从而更加有效地实现法律、法规和规章制定的利益平衡之良法目的。此外，论证会还可以提供一个更加有效的立法沟通机制，促进立法主体之间的相互理解，并进一步促进立法质量的专业性提升。论证会公众参与形式具有法律依据，如今作为一种普遍适用的公众参与形式，已经在地方立法中得到广泛应用，其专家论证的内容涵盖了立法的各个方面，包括立法的背景、目的、原则及具体的条款等。

（四）立法听证

立法听证会主要是为了在听证过程中与各方参与人员沟通信息，达成共识。通过公众的观点辩论，实现了听证会上意见的充分表达。法律是公开听证的成果。我国地方性法规立法过程中，听证会主要存在于立法准备和法案到法两个阶段之中。以《西安市制定地方性法规条例》第二十九条为例：立法准备阶段，相关部门起草立法草案时，听证会是公开听取社会各方面意见的途径之一。法案到法阶段，听证会依然是立法机关听取公众意见的途径之一。立法听证是一种听取市民意见的有效方式，它不仅能够帮助政府机构更好地了解社会公众的意见，还可以让公众有机会表达自己的想法，以便政府机构能够更好地解决社会问题，例如，在法案到法阶段，特别是立法机关审议法规案时，针对焦点问题需要听取社会各方的建议，以促进法规案的完善，在这种情况下，听证会就是一个有效的途径，它不但有助于我们对决策内容有更深入的了解，而且还可以提供更多的信息和建议。

立法机关提出的议案是一种解决方案，它将以一种能够反映出立法机关的意见、要求和意愿的方式来解决相关问题，从而达到解决问题的效果，而这个办法能否真正可行，能否被社会大众认同，还需要以某种形式来征求大众的意见和建议，立法机关获得公众关于这方面的信息的最重要的途径就是听证，即公开听取公众对某些问题的看法，从而了解他们对立法机关所提出的议案是否认可。听证可以帮助立法机关更好地了解公众对某些问题的看法，从而制订出符合大众需求的方案。在听证会的过程中，专家、普通公众、媒体等都可以对现行的方案进行评价，也可以对其提出自己的备选方案，对此，立法机构需要对不同的备选方案进行衡量，最后才会得出与参与多方主体利益相一致的方案，并通过立法技术、符合立法规范表达方式将该方案融入地方性法规、规章中。因此，立法听证会是一个让立法机关与公众交流、发表意见和表达己方利益需求的场所，它能帮助公众有机会参与到立法制定过程之中，让公众可以在规定的程序中充分表达、交流甚至以辩论的方式参与到立法制定过程中，从而实现民主决策，促进社会发展。同时，听证会也提供了一种特殊的机制，它不仅可以让不同利益之间进行妥协，而且能够让立法机关在立法过程中得到更多的尊重和认可。这种机制可以有效地提高立法过程的透明度和科学性，从而确保立法结果的民主性和正当性，使得立法机关可以更加有效地行使立法权。

（五）立法评估

立法评估可以分为两个步骤：第一个步骤是通过对立法的必要性和可行性的评估，判断立法制定的必要性与可行性；第二个步骤是对立法的实施情况进行评估，包括法规、规章实施的质量、效果和效率等方面。这两个步骤通常被简称为立法前评估和立法后评估，前者是指在制定法律法规前，对该法规、规章的可行性、科学性、可操作性以及适用效果展开一系列评估；立法后评估是指对其实施效果、所起的作用等，经过一定时间的立法实施后再进行的评估，是一种事后的立法评估。在立法项目中一般将立法前评估作为一个独立的环节，从而进一步促进我国法律制度的完善，为我国经济和社会的发展提供有力的法律保证。立法评估一般采取座谈等多种方式相结合、立法机关自身评估与社会公众等主体评估相结合的方式，通过对立法实施后的社会效果、所起作用、制度缺陷等问题的分析，对其进行总结评价，旨在发现问题、改进制度、完善程序、促进立法质量的提高。2004年，关于我国有关立法评估的规定，《全面推进依法行政实施纲要》（以下简称《纲要》）中就有所提及，并且探讨了立法评估制度所使用的评估分析方法。《纲要》提出的成本效益分析制度，是立法项目评估应使用的科学评估分析方法，政府要考量立法过程成本，除了要考量其在制定规范时所付出的代价外，也要考量其执行后所付出的执行代价与社会代价。依据立法法第六十七条规定，相关法律、法规中的条款，可以在全国人民代表大会有关的专门委员会、常务委员会工作机构的指导下，对有关法律或者法律中有关规定进行立法后评估，评估结果将上报常务委员会。当前，全国各地也开始展开地方立法后评估，例如以《西安市制定地方性法规条例》第五十一条为例，针对“部门间争议较大的重要立法事项”，可以通过委托有关专家、教学科研单位、社会组织等第三方进行评估。又如《上海市历史文化风貌区和优秀历史建筑保护条例》，该条例在制定时进行了立法后评估，是上海市的首次立法后评估的对象。在评估中，立法机关采取了多种评估方法，如通过相关区人大常委会组织调研，面向社会公众的问卷调查，由立法工作小组组织的专题调研和市人大代表参与等，对条例进行评估，以确保立法工作的科学性和有效性，最终得出该条例的立法规范条款对立法目的基本实现具有支撑作用的结论。毫无疑问，在公众参与立法的体系中，立法后评估是立法活动中重要的一项制度，它可以帮助立法者更好地了解法律实施情况，并根据实际情况进行调整，以达到最佳的立法效果。通过立法后评估，立法者可以发现立法过程中存在的问题，并及时采取措施加以解决。此外，立法后评估还可以帮助立法者更好地掌握立法活动的进展情况，从而更好地完成立法工作。它是由一系列步骤组成的，其中包括分析立法活动的执行情况、评估法律法规的实施效果以及对存在问题提出解决方案等。通过对这些步骤的评估，可以更好地推动立法活动的改进和完善，从而更好地满足公众的需求。其以具体法律规定的实施情况、公众的认同感等为依据，对于立法成果所确立的制度性规范进行评估的总结与反馈，进而提高立法质量、完善法规，并对法律的具体实施起到指导的作用。

（六）地方立法基层联系点

基层立法联系点，是指符合确定条件的下级人民政府法制机构、乡镇人民政府、社区服务机构以及高等院校、企事业单位、社会团体等单位作为固定联系单位，根据地方政府制定规章工作需要，通过相应程序，参与政府制定规章工作。基层部门立法联系点是政府有关部门深入基层，直接与群众沟通的重要平台，旨在帮助群众更加了解政府的政策，更好地参与立法活动。通过这个平台，政府有关部门可以有效地了解群众的需求和意见，更好引导基层群众积极有效地参与立法活动。相比较“精英集会”性质的论证会、座谈会和过于“大众化”的网上征求意见而言，通过基层的立法联系点来实现地方立法的公众参与，既能实现常态化征求公众意见，又能精准面向相关群体开展互动与交流。近年来，各地方在修订地方立法条例时，对基层立法联系点这一行之有效的公众参与方式进行了补充规定，例如《西安市制定地方性法规条例》第五十七条即明确了基层立法联系点对公众民主参与的作用。除了各市的地方立法条例，各地也为基层立法联系点的运作制定了工作规则，对有关的原则、定义和工作机制等作出规定，例如《上海市嘉定区人大常委会基层立法联系点工作办法》《开封市人民代表大会常务委员会基层立法联系点工作办法》均根据行政区域和行业领域设立立法联系点，并明确了基本职责。立法联系点的基层性体现在它主要负责的是基层公众的立法参与问题，主要的参与主体是来自街道乡村的基层人民。基层立法联系点的运作是一种互动螺旋发展的过程，即一方面可以帮助政府和民众更好地了解法律法规的实施，另一方面能够让民众积极地参加到立法进程中，促进法律的有效实施。基层立法联系点需要主动发布的各种立法信息，包括立法草案、立法计划等内容，将其传递给基层公众，走进街道、乡村，听取公众的诉求，同时进行普法工作，为公众解答有关立法问题的疑惑。社会公众也可以发挥主动性，把自己的立法建议直接呈交给基层立法联系点的工作人员。基层立法联络站负责汇总公众对立法的意见，并将其提交给有关部门，以便他们进行审查和采纳，并对此意见不做任何的修饰，不受任何的行政层级的限制，不必获得任何人的批准，直接将这些立法建议送往人大，让立法机关获得来自民间的第一手意见，从而保证了公众意见的原汁原味。

二、地方立法公众参与的途径

（一）公众通过地方立法准备阶段参与

在地方立法中，立法准备阶段主要涉及各级有权立法机关对立法项目的遴选与确定，包括根据立法项目的性质和特点，充分考虑其所涉及的社会关系、社会环境等因素，进行充分论证、调研，提出立法项目建议；同时，还需要制订相应的立法规划与年度立法计划，安排各部门参与，根据立法计划制定法规草案建议稿，并进行论证评估。相比于正式的立法程序阶段，立法准备阶段的公众参与更具有可行性，因为立法准备阶段可以让公众对法律条文提出自己的观点和提议，可以更好地推动法规、规章的适用与落实。同时，公众参与也能够给立法赋予更多的民意基础和正当性，从而使得法律更加符合民意。立法法于 2015 年第一次明确地载入修正案：在制订立法计划、制订年度立法计划、提交给全国人大常委会的法律草案时，应该对其进行公众咨询，并对其进行论证和评价，以便让公众了解相关立法的进展情况。

为了更好地推进我国经济和民主法治建设，要对代表们的议案和建议进行深入研究，并对他们的意见和建议进行广泛的征询，充分发挥代表作用，推动民主参与。

在编制立法规划和年度立法计划前，有必要开展相关工作规划，广泛论证评估相关民意，才能制定出真正符合社会需求的、真正用得上的法律，杜绝“纸上谈兵”式的立法。在实践中可以看到，我国各省市的立法条例对此都有着相关的制度，保证了在规定编制立法规划和立法年度计划中的公众参与性。对于地方存在立法计划弱、公众参与度低等问题[①]，近

① 马竞遥．设区的市地方立法权运行实证研究——以广东省为例[J]．法治社会，2020(2)：56.

几年大部分省市都通过人大或政府法制网站及地方新闻媒体发布公告的形式向公众征集立法项目，这种方式成为地方立法在立项阶段吸收公众参与立法的主要形式，可见公开征集立法项目意见已成为较为成熟的公众参与方式。通过这种网上公开征集立法项目的形式，加强了立项阶段的公众参与。但是这种形式虽然最直接方便，也存在不足。首先，是途径单一，各省市通过发布公告向社会公众公开征集立法项目，并且规定了项目征集时间，有些征集时间规定得很短，也就是说公民只能在规定的较短时间内通过致电、信件或邮件来提出项目建议，往往会出现有些公民看到公告的时间较晚，想要提出立法项目建议却已经错过了提出时间的情况。其次，在各个省份和地区发布的立法文件中，一般都会让民众在立法项目文件中说明立法的目的、立法的依据、立法的理由、法律的依据。这些内容很多情况下对公众的法律素养和文化水平都有较高的要求。最后，这种方式并不利于公众意见的直接表达，给公众参与增加了一定的负担，立法项目征集后的立法规划在很多情况下没有及时向社会公众公开，使得公开征集立法项目后没有使公众的意见得到有效反馈，这将极大地影响到民众对立法参与的热情。

（二）公众通过地方立法程序阶段参与

在正式的立法过程中，通常会有以下步骤，那就是：法规草案三审（在这期间，它会涉及草案的起草、修改与论证）、法规草案的表决通过以及法规草案的公布实施。草案起草阶段的公众参与主要是在草案征集意见阶段，在这一阶段起草部门将拟好的草案公布出来面向社会大众公开征集意见。公开征集意见的方式分为直接征集和间接征集两种形式，直接征集是通过召开论证会、听证会以及座谈会等形式吸收公众参与立法，使公众直接表达自己的意见；间接征求则是通过公告形式向社会征求书面意见。公开征求意见有利于保证公民直接表达意见行使权利，在目前的法治大背景下，实行科学立法、民主立法是一种非常重要的方式，这对提高立法的品质、推进民主法治、推动社会的和谐与稳定发展都有很大的帮助。立法程序阶段属于正式的法律规则创制阶段，它是法律制定过程中的关键环节，也是法律制定过程中的重要步骤，它包括了从提出立法建议到制定正式法律规则的全过程，包括了起草、审议、审查等环节。在这个过程中，立法机关对收集和整理社会各方对立法项目的意见，进行审议。最终，经过充分论证和讨论，确定出最终的法律条文。法案的三审与批准程序是指在政府制定法案时，需要经过三个阶段的审查，以确定法案的合法性、可行性和合理性。只有当这三个阶段都得到认可，才能进行立法民主公开。在此基础上，政府将听取社会公众的意见，以便在法案中纳入更多的相关条款，使其符合社会公众对政府立法规范预期。通过这种方式，社会公众可以有效地参与到政府决策中，从而更好地表达自己的意见。但在实践中所采用的主要方式还是以间接征集为主，起草工作机构将起草好的草案通过人大或政府法制网站及公众号或媒体等形式公布，公开向社会大众征求意见。一些地方率先建立了法案决议前法律听证的各种形式，例如：现场听证、网络听证、电视听证等，人大立法会议允许公众旁听，其是立法审议过程中公众参与的一种方式。邀请公众旁听会议，是坚持立法公开化的重要举措，有利于实现公众对立法过程的监督。在当前实践过程中公民旁听人员范围和数量的确定存在着很大的随意性，旁听的内容和范围等也都由立法机关决定，因此容易出现部门利益倾向性，不利于公众参与立法并进行监督。

（三）公众通过地方立法完善阶段参与

在地方人大立法中，立法完善阶段的公众参与是指在立法过程中，公众通过参与和讨论来对立法活动进行监督和完善。公众的参与能够协助立法人员认识到哪些政策应该加以修正，怎样修正才能符合社会的需求。在立法完善阶段，公众可以积极地参加立法制定程序，并就立法制定中存在的问题发表自己的看法，从而促进法律制定的质量和效率的提升。公众提出意见和建议，以帮助立法者更好地了解公众的需求，更好地制定出满足社会需求的法律法规，其内容主要是关于对立法落实情况的监督和成效评价，主要包括：监督检查法规的实施情况，其中包含了对法规的落实情况的分析和评价；采取有效措施，改进法规适用环境；跟进法规执行情况，制订整改方案，及时采取有效措施解决问题；定期对法规实施效果进行评估，并及时调整法规实施策略等。在评估过程中，评估人员可以充分了解社会环境、经济发展状况、政府政策、法律法规等相关因素，从而更好地进行科学的立法评估，使地方性法规更加合理有效。立法后评估是立法后通过多方调研，通过综合各方面因素来判断立法是否与当前经济社会发展相适应，对立法的执行情况、与当前经济社会的适应程度、影响程度等进行调查。立法后评估公众如何具体参与，许多地方的立法条例都没有给出明确的法律依据，甚至有些地方立法中都没有对立法后评估的界定、内容和程序做出任何规定。但是在实践过程中，我国的立法后评估是一项十分必要的工作，在此过程中，社会公众的参与是一个不可忽略的方面。

下　篇

第三章　地方立法公众参与的具体实践现状

为了能够更好地深入贯彻民主立法的原则，推动公众有序、有力、有效地参与到立法中来，并为公众参与立法的过程提供一定的理论支撑和帮助，本章尝试以立法工作的专业性、科学性、环节和程序以及相关工作要求为基础，结合当地的实际情况，在实践应用中，提出一种新的探索方法。其基本思想是将模块划分开来，在不同的立法阶段嵌入有关因素和要求，以大众所参与的常态化和关键点，实现对照参考。即公众参与立法的三个主要阶段和主要环节的模块。公众参与的三个主要阶段即地方立法准备、立法程序、立法完善；三个主要阶段均由主要环节形成不同模块内容，这些模块共同为地方立法的公众参与提供参考的要素，并非单纯地割裂开来独立使用，而是系统地、灵活地使用。下面将对公众参与地方立法各个阶段参与环节及模块内容进行探讨，以期为公众参与地方立法实践提供工作指引。

一、地方立法准备阶段的公众参与

立法准备阶段作为现代立法过程的首要环节，主要指立法草案被提交前所进行的相关立法工作，是为正式立法做好充分的准备工作，为法律出台奠定良好基础。即一项立法提案是怎样通过前期工作纳入立法议程的，以及在进入立法日程之前，还需要做什么工作。与正式立法阶段和立法完善阶段相比较，立法机关在立法准备阶段行使立法权的途径，是对各种社会关系进行探讨和识别，从而在错综复杂的现实生活中，找到有必要用法律来规范的社会关系。从现行的制度规定来看，立法法只规定了提案、审议、表决和公布等立法的程序，并没有对立法准备中该立法项目的立项标准、要求作出明确的规定，因此，在实践中，无论是从时间、精力，还是从实际作用方面来看，立法准备都是立法过程中必不可少且关键的一环。立法准备阶段主要考虑以下事项：首先，立法准备需要充分考虑到各个方面，如可行性分析、法律法规和立法技术发展等情况，以保证该立法出台后能够获得令人满意的规范效果；其次，在地方立法规范制定过程中，立法准备需要仔细分析有关情况，包括具体地方立法的含摄内容、适用范围及相关程序等；最后，在技术发展方面，立法准备需要考虑技术的发展趋势以及当前的立法技术对具体的地方立法规范条款的完善。在这一过程中，立法机关会运用各种方法，如问卷、统计分析等，以及通过各种调查、收集资料等方式，来进行社会分析，确定有必要用法律来规范的社会关系。综合以上分析，在立法前的筹备工作中，主要有两个部分：一是识别立法需求；二是制订立法计划。地方立法准备阶段这两个筹备工作中的公众参与包括了很多具体的步骤和规定，这些步骤和规定并没有明确系统的法律规范。当然，即便只是一种惯例，也能够为立法工作提供有效的支持。

（一）立法需求公众参与具体实践

对不同的立法需要在制度层面进行价值判断和抉择，是通过项目立项这种制度化的方式来实现的。由地方人大牵头，组织多方参与地方立法准备阶段的立法立项通常需要经过启动、征集项目、筛选论证、协商确定等步骤。项目立项是指，有权立法机关根据履职要求，经科学调查和研究，决定将某一类立法需求作为项目立项的一种制度化方式。不同类型的立法需求，按照其在经济、社会发展中的重要作用，以及立法规范技术本身的成熟度来排序。可以将不同类型的立法需求分为三大类：第一类是急需的和准备充分的项目；第二类是不那么紧迫和准备有些欠缺的项目；第三类则是相对不太迫切和准备不足的项目。通过经验研究发现，在立项需求征求或立项论证阶段，地方立法机关对将立法的要求予以高度关注，从而提升立法的质量。例如，在征求立法需求的过程中，应尽量收集各方面的建议，这样才能确保立法适用的合理性和科学性；项目的论证应采用多方面的方式，以便能够更全面地了解社会各界的需求。从以前的立法项目需求征集以及论证局限于行政机关内部机构和单位，转变为联合论证，吸收专家、人大代表以及律师协会、工商业联合会等参与进来，充分发挥各方优势，积极引导社会各界参与立法项目需求的讨论。在项目实施过程中，公众和相关的社会团体组织对立法项目需求的建议起到了一定的参考和支撑作用。地方立法需求征询公众参与思考的方向包括：社会现象现状，针对问题的原因分析，现行的法律法规状态，建议的制度设计规范，希望实现的目的效果，需要说明的其他情况等。

（二）地方立法年度计划项目公众参与具体实践

"年度立法计划"是立法项目的一种具体表现，是对立法项目的一种补充。在我国，立法机关会以五年立法规划为基础，对每年的立法工作计划进行详细的制订，这被称为"年度立法计划"。在年度立法计划中，其中的一个重要任务就是在具有相对较强的预见性的情况下，把五年立法中长期规划落到实处，实现立法更具体、精确和具有可操作性，因此，它也更有现实意义。地方人大对提出的多个立法项目进行科学的比对和论证，从众多项目中筛选出符合人大提出的最低立项标准、优选标准的项目，从而确保立法项目能够有效实施，实现社会经济发展的目标。为了更好地推动立法项目的实施，一些地方有立法权的机关进一步建立了年度立法计划立项论证制度，将提案主体申报项目时仅提出立法标题、设想的做法进行了一次转变，要求进入正式立法阶段的法案，在立项阶段不仅要进行必要性、紧迫性的论证，还要经过可行性、成熟度等方面的论证。在论证过程中，要充分考虑社会经济发展的实际情况，合理确定项目实施方案，确保立法项目能够有效进入立法正式阶段。在借助立项引领有提案权的主体对其提案权行使的过程中，需要展开一系列的、科学的调查，并通过调查，最终提出立项的工作方案、选重点、总量控制等要求，将各方的立法需求进行汇总，将各方面的意见进行整合，最终形成立法规划（立法计划）建议稿。地方立法年度计划项目建议立法公众参与，思考的方向包括：法规项目名称，立法类别，立法目的，立法依据，立法必要性、可行性，立法所需要解决的主要问题，解决问题的主要措施。

实践案例一

XX市《政务服务条例》调研提纲拟定思路

优化营商环境要求优质、高效便捷的政务服务环境通过专门立法在法治轨道标准化、规范化运行，《政务服务条例》（以下简称条例）具有立法的必要性。结合地方实际，将政务服务中发挥效用的政策、经验、做法上升到法规制度层面，优化政务服务环境、提振市场信心，提高企业、公众办事便利性，实现政务服务高效便民，开展围绕政务服务条例制订立法调研计划，调研提纲的具体拟定应结合其专业性特点与要求确定调研侧重点、内容等问题。

一、调研提纲拟定思路分析

（一）起草条例中拟定调研提纲的专业性特点与要求

条例制定需要解决既有规范、已有法律的互洽性与政务服务平台建设、政务服务自动化实践发展的矛盾，通过规则制定建构弥补技术缺陷、防范技术算法滥用风险，提供技术正当性依据支持、解决具体政务服务中技术样态合法性，实现政务服务沿着依法治理轨道前行。特别是“秒批”适用于具有何种特点、性质的政务服务行为才更具有正当性及其适用范围；数据化、智能化高效便利与法律规定的审批流程存在冲突；一些数据算法设置的程序缺乏明确的法律依据等，都有必要在条例起草时进行专业判断和处理。

（二）线上政务服务办理方式引发政务服务有关部门内部权力运行方式重塑和外部行政关系规则适用冲突，条例规范制定需要确定专业科学的评价标准进行平衡、调适。

政府的数字转型，不但通过“模式优化”重构了权力运行方式，使其内部驱动模式对与其相关的对外管理关系产生影响，而且还对原有制度造成了一定的冲击。条例的出台，需要明确内外两种行政方式的区别，明确两种方式对法律规范的不同需求，并在立法过程中对权利和义务进行重新定义，为网上政府服务的法治建设提供依据。政务服务办理中形成的一些实践经验涉及程序再造和规制创新制度，需要专业知识判断如何妥善处理效率与安全、创新与合法性之间的关系。

亟须运用专门的法律技术对相关法律进行修订，以满足执法改革的要求，从而促进在高效、协同和便民的执法目标上实现更为均衡的社会治理，例如行政许可容缺制度、承诺制度等，这些制度是否吸收到条例当中，既要专业法律知识判断制度自身较低的法治化要素带来的不确定风险范围，也要正视制度激发市场活力、兑现行政效率原则与公法原则之间产生的价值冲突，进行制度法益平衡后确定是否纳入条例中。

拟定调研提纲需考虑政务服务有关部门资源协调与功能整合，政务服务部门内部各部门之间大量非结构化数据资源整合、部门资源配置需要通过条例规范设定进行解决，以处置部门资源掣肘问题，提高政务服务的效率。同时，因涉及的政务服务有关部门较多，在起草过程中，应当就在制度上所涉部门的责任和与其他紧密关系部门进行充分的交流和磋商，如果涉及部门职责分工、行政许可、财政支持、税收优惠等方面，也要获得有关部门，如编制、财政、税收等的认可。为优化营商环境与宏观调控并行不悖，除政务建设需要协调各部门、征求财税部门同意外，起草中还需要具备公法调控、规制等知识基础，以实现通过规范指引促使政务服务办理过程中兼顾有财政、税收、计划、区域调控等宏观调控政策的融贯、落实。

（三）起草条例中拟定调研提纲的侧重点

《法治政府建设实施纲要（2021—2025 年）》指出，要在互联网、大数据、人工智能等科技手段下，构建完善的社会治理体系，促进治理整体高效运行。起草有关政务服务的地方性法规，深入调查研究，广泛听取有关机关、组织和公民意见，主要侧重点在于，社会公众普遍关注的政务服务事项热点难点问题和经济、社会发展下优化营商环境需求而进行的政务服务标准规范化建设、高效便民办理落实中遇到的突出矛盾。在政务服务平台上的线上办理与个人信息的保护等问题，都涉及公民、法人和其他组织的权利的减少，或加重了行政相对于人的责任。

（四）拟定调研提纲需要统筹“报送审查要求”设定调研内容

一般起草完成后，在提交地方性法规送审稿进行审查的同时，还须提交该地方性法规送审稿的说明和材料等相关文件。在送审稿的说明中，应该对以下内容进行解释：立法的必要性；主要思路；建立的主要制度；向有关机关、组织和公民征询建议的情况；在送审草案审议过程中，有关各方对送审稿关键问题存在意见分歧及协调处理情况；拟设定、取消或者调整行政许可、行政强制的情况等。有关的材料主要介绍了该地方性法规规范所涉及范围的现状及相关量化辅助佐证资料、规范所涉及的主体和客体及相关对象和要素实践中存在的主要问题、相关的立法资料和调研报告等。此外，因为条例对相关行政许可证的申请及办理，所以，调查提纲拟定时也需要对拟设定、取消或者调整行政许可的情况有所关注。

（五）起草条例中调研提纲所涉问题听取意见的形式

由于条例主要具有规范政府履行公共事务管理职能、提高行政效率的目的，与减损公民、法人和其他组织的权利或者增加其义务有关，且在草案的制定过程中，还可能对涉及的专业性事项问题进行论证和咨询，因此，可以采取组织专家论证会或向专业机构咨询、向专家咨询的形式进行解决，通过会议过程中获得的书面和口头意见、建议总结实践经验。

二、调研提纲的具体拟定

调研提纲需要根据具体调研对象的不同的个性特点进行拟定，确定调研的方向和内容，因此以下的调研提纲内容仅结合第一部分分析的内容，总结归纳共性进行部分列举，作为调研提纲的一部分。

（一）立法需求。《政务服务条例》立法的原则、目的和意义；立法应重点解决的问题；各市特别是重点调研城市在政务服务建设、办理、监督方面好的经验和做法。

（二）制度创新。政务服务办理中形成的一些实践经验涉及程序再造和规制创新制度，涉及效率与安全、创新与合法性之间的关系，实践中是否妥善处理；如何处理。

（三）主要问题。当前政务服务建设、办理、监督、责任方面存在哪些主要问题，哪些是迫切需要解决的问题，除关注工程建设审批、企业开办、不动产登记重点问题的规范化、标准化程度和合法性外，需要立法中再明确哪些具体的政策措施。

（四）职责职能。政务服务相关部门职责划分，应如何协调划分各部门的职能。如何在“放管服”、优化营商环境价值指引下，通过政务服务规范指引促使政务服务办理能兼顾财政、税收、计划、区域调控等宏观调控政策的融贯、落实。

（五）事项类别。为考虑办理政务服务所涉及的行政许可中与社会行业自律、经济市场调节平衡的实际情况，是否有对拟设定、取消或者调整的行政许可。

（六）内部行政关系。政务服务相关部门的政务服务平台建设情况如何，是否针对特定政务服务业务进行应用开发、搭建硬件和软件。

（七）外部行政关系。政务服务办理中传统的现场办理与线上办理在行政许可、确认、给付流程的区别是什么，对行政相对人的要求有何不同。

（八）结合具体调研对象，增加个性部分

……。

实践案例二

《XX市停车场管理办法》重点相关单位调研提纲

调研提纲（一）：XX市城市管理局

一、重点调研问题

1. 城市管理局在规范车辆停放、停车场规划和建设以及管理服务方面的职权主要有哪些？

2. 目前在该方面宏观和微观的工作机制和工作程序如何；宏观上，如规划、建设和管理；微观上，如公共停车泊位的规划、招投标及收益分配流向和比例等。

3. 当前针对停车难问题凸显现状，城市管理局主要通过哪些途径、技术方法和手段进行解决；推进是否存在技术、人员、经费保障上的障碍和困难；是否采取方式进行民意疏导？

4. 城市管理局和其他机构在针对停车场问题的解决上是否具有规范化的协调机制；是否存在冲突和矛盾，应该建立什么样的工作协调机制。

5. 政策鼓励单位和个人投资建设公共停车场，具体有哪些方面的优惠政策；是否考虑政府资金补助办法。

6. 对装载危险品的特殊车辆、工程车、客车、货车等停车是否有特定要求；是否考虑划定专用停车带。

7. 停车位的使用和管理如何进行监管；有无专项整治监管活动；效果如何。

8. 对于不符合规定的建筑物、场所等，建设单位是否统一进行专项整改活动；对于要求改正却拒不改正、补建、补足的，如何处理；特别是老旧单位停车位严重稀缺的历史遗留与土地资源紧张现状矛盾并存，无补建、补足可能性或补建补足的工程耗损巨大，如何解决，有无其他变通性解决办法。

9. 收费停车泊位经营管理者收取费用出具凭证，此时经营者的责任是“停放”还是“保管”责任；如果车辆毁损丢失如何定责立法未明确规定，作为管理部门如何看待此问题不清所引发的纠纷。

10. 短时停车免费方案有无实施的可行性，实行的外部条件是否已经具备，仍存在哪些困难和技术、方法、经费上的障碍，如何组织协调和克服。

二、资料和数据收集

1. XXXX年以来XX市机动车基本结构数据（车辆保有量、新增量、报废量、车型、比例等）；停车场基本结构数据（公共、专用、停车泊位的数量、空间布局、收费等）。

2. XXXX年以来新增量、报废量等机动车动态数据；各类停车场新增动态数据。

3. XXXX年以来停车场（位）经营者（单位）的基本结构数据（数量、分布比例、类型）。

4. 有关停车场的其他管理、执法数据。

调研提纲（二）：XX市公安局交通警察支队

一、重点调研内容

1. 公安部目前关于停车场规划、建设、管理、监督的主要职责和职权；可以采取哪些强制措施？

2. 停车场执法的主要警力结构（人员数量、素质、年龄、专业能力等）。

3. 停车场监管主要依靠城市管理行政主管部门和公安机关，两部门间有何工作协调机制，协调上存在什么问题。

4. 公安部门主要通过哪些途径、运用哪些手段和方法对停车场进行监管、对停车难问题进行解决。

5. 对于人流量大的密集区，出现路面停车困难而地下停车场却闲置的资源未充分利用反差现象，有何措施改变。

6. 对装载危险品的特殊车辆、工程车、客车、货车等停车是否有特定要求和有效监管；是否考虑划定专用停车带。

7. XXXX 年以来，是否开展过停车场管理不规范、收费混乱等专项整治活动，效果如何。

8. XXXX 年以来，开展过多少次大规模的违法停车专项整治教育活动，效果如何，查处机动车违法停放的公安机关出警工作机制和工作程序有哪些。

9. 收费停车泊位经营管理者收取费用、出具凭证，此时经营者的责任是“停放”还是“保管”责任；如车辆毁损丢失如何定责立法未明确规定，作为管理部门如何看待此问题不清所引发的纠纷。

10. 短时停车免费方案有无实施的可行性，实行的外部条件是否已经具备，仍存在哪些困难和技术、方法、经费上的障碍，如何组织协调和克服。

二、资料和数据收集

1. 目前在机动车管理上的收费项目、方式和具体内容。

2. XXXX 年至今查处的违法停放车辆处罚情况、方式或案例。

3. XXXX 年以来 XX 市机动车基本结构数据（车辆保有量、新增量、报废量、车型、比例等）；停车场基本结构数据（公共、专用、停车泊位的数量、空间布局等）。

4. XXXX 年以来新增量、报废量等机动车动态数据；各类停车场新增动态数据。

5. XXXX 年以来停车场（位）经营者（单位）的基本结构数据（数量、分布比例、类型）。

6. 有关停车场的其他管理、执法数据。

调研提纲（三）：XX 市物价局

一、重点调研内容

1. 物价局的主要职能，有哪些会涉及停车场的规划管理和监督。

2. 有关车辆收费管理制度的相关文件和工作程序，收费标准和项目设计依据和科学性。

3. 对于实行市场调节价的公共停车场，经营者申请审批的要求是什么，此类经营者所占总数的比例、类型、分布情况，是否对市场调节价的公共停车场经营者进行定价的指导和管理、监督。

4. 实行级差收费、计时收费或计次收费有何审批条件上的不同要求，三种收费类型在审批核准上是否有幅度和上限的要求，审核依据是什么。

5. 实行政府定价的公共停车场经营者向物价部门申请办理收费审批手续情况；审批所需条件；此类经营者占总数的比例。

6. 除审批许可前的审查监督外，对实际操作过程中的不良执行情况（如不按规定明码标价、擅自提高收费标准、不出具收费发票、违法收费等）采用何种监督技术手段、方式，效果如何。

7. 停车泊位采用电子仪表方式收费如何给付发票等书面凭证，收费数据是否公示可查询。

8. 收费停车泊位经营管理者收取费用出具凭证，此时经营者的责任是“停放”还是“保管”；如果车辆毁损丢失如何定责立法未明确规定，作为物价部门如何看待此问题不清所引发的纠纷。

9. 短时停车免费方案有无实施的可行性，实行的外部条件是否已经具备，仍存在哪些困难和技术、方法、经费上的障碍，如何组织协调和克服。

10. 物价部门在停车场（位）的定价、审批核准和监管方面，会与哪些部门相协调，是否有规范化的协调机制，应该建立怎样的工作协调机制。

11. 是否有因收费价格、方式等问题投诉的案例，怎样处理，效果如何。

二、资料和数据收集

1. 目前有关车辆收费管理制度的相关文件和工作程序；收费标准

和项目设计依据等文件。

2. XXXX 年至今查处的违法停车收费经营者处罚情况、方式或案例。

3. XXXX 年以来 XX 市公共停车场经营者实行政府指导价和实行市场定价的基本结构数据（人数、分布、比例等）。

4. 有关停车场的其他收费管理、执法数据。

调研提纲（四）：XX 市城乡管理委员会

一、重点调研内容

1. 城乡管理委员会的主要职能，有哪些会涉及停车场的规划管理和监督。

2. 在组织建设总体规划及对专业规划编制报批涉及停车场设计方案时，统筹结合了什么要素（包括：控制详细规划、土地利用规划、区域停车需求、满足交通容量的安全通行条件等），结合实践要求怎样考量。

3. 在规划区内，各类建设项目的建设用地、建设工程规划及建筑设计方案的审批是否将停车场的合理配建作为硬指标。

4. 在人流密集区域，是否有停车场专项规划；该路段常出现路面停车困难而地下停车场却闲置的资源未充分利用的反差现象，有何措施改变；立体停车场的建设情况如何。

5. 对规划区所有共建、私建项目规划的情况如何实施监督；效果如何，是否存在阻力。

6. 有无在没有管理部门审批同意前提下私自变更已核准建设完成的停车场性质、用途或减少停车场使用面积的情形；如何监管。

7. 在审查、审批建设项目时，涉及停车场配建、设计时会与哪些机构相协调；是否存在规范化协调机制，应该建立怎样的工作协调机制。

8. 停车场的设计规范和设置标准是否有可参照的相应的立法规

定；有无具体分类标准，大致规定如何。

二、数据资料收集

1. 目前XX市停车场的规划、建设审批总数，建筑物停车场配建情况等文件、数据。

2. XXXX年以来XX市机动车基本结构数据（车辆保有量、新增量、报废量、车型、比例等）；停车场基本结构数据（公共、专用、停车泊位的数量、空间布局等）。

3. XXXX年以来新增量、报废量等机动车动态数据；各类停车场新增动态数据。

4. XXXX年以来停车场（位）经营者（单位）的基本结构数据（数量、分布比例、类型）。

5. 有关停车场的其他管理、执法数据。

调研提纲（五）：XX市国际会展中心

（根据计划，调研的对象区体育中心与会展中心均属于大型公共建筑设施的公共停车场所，实质上具有共性，故参照之。）

一、重点调研内容

1. 会展中心的基本情况及停车场规划使用概况：会展中心人数容纳最大量，场馆使用情况、频率，停车场车位数量、利用率如何；能否满足场馆活动需求。

2. 停车场的规划设计是否规范。

3. 停车场的经营管理模式；经营管理者获取经营权的方式、程序。

4. 经营管理者是否按照规定进行规范管理和场地设施的完善。

5. 停车场是否收费；如为收费，价格是由市场需求调节确定，还是由政府定价确定；有没有采取极差收费或计时收费或是其他方式。

6. 是否制定了停车场的服务内容、收费项目、收费标准及收费文件依据并公示。

7. 是否开具统一的税务发票；车辆停放期间经营者的责任是“停放”还是“保管”；如车辆毁损丢失，作为经营者一方怎么处理，是否有过这方面的纠纷例子。

二、数据和资料

1. 停车场的规模、数量等承载能力和会展中心活动举办情况、最大容纳人数等基本机构数据。

2. 停车场的运营和经营情况、收费标准、方式等动态数据。

3. 停车场经营时与消费者停车收费、车辆毁损、车辆丢失等纠纷的例子和数据。

调研提纲（六）：XX 市新竹社区

一、重点调研内容

1. 社区及停车位使用的基本情况：社区建设、使用时间、停车位规模、住户数量、小区停车规划和管理基本情况。

2. 小区停车位是否可以满足业主的需求，车位闲置比例如何，停车是否规范。

3. 是否存在因停车位问题引发矛盾纠纷事件，影响小区其他管理的情况。

4. 小区业主对停车问题有何要求和反映，物业是否有能力解决，如何解决。

5. 小区停放车位是有偿的还是无偿的；如为有偿，收费定价如何，是否有公示文件等。

6. 外来车辆进出小区如何管理，是否收费；如收费有无明确的收益流向划分制度。

7. 是否清楚并通知车主，车位不能占用绿地、消防通道及其他规划建设的特殊用途范围内的土地。

8. 小区物业在小区内有无为小区居民划出专有区域停车并对该区域进行停车收费管理；在物业管理的合同里有没有将这样的规定纳入

其中。

9. 是否向业主们专门或集中宣传《XX市停车场办法》或公告过相关条款，业主们对该办法的知晓程度如何，评价、认可度如何。

二、数据和资料

1. 配建停车场的规模、数量、承载能力等基本机构数据。

2. 停车场的运营和经营情况、收费标准、收费方式等动态数据。

3. 停车场经营时与业主发生的有关停车收费、车辆毁损、车辆丢失等纠纷的例子和数据。

二、地方立法程序阶段的公众参与具体实践

（一）地方立法程序阶段的公众参与具体实践概况

地方立法草案的制定是法规、规章制定过程中不可或缺且十分重要的基础步骤，它将使法规、规章制定工作更加完善，具有可操作性和科学性，从而保证法规、规章的有效实施。在我国，地方立法草案的定义大体上与其他学者所定义的相同，即是指具有立法提案权的机关、组织和人员，或者受委托主体，将议案写成文字以书面方式提议，以供参与立法相关人员审议时参考和研究。对于这一定义，周旺生教授给予了清晰的阐述，即“地方立法草案就是将应该以书面方式提（动）议的法案转化成文字”，它包括对法规、规章草案的形成、审查和审议等步骤，并以法律形式予以确认，以便有效执行。因此，地方立法草案的制定对于法规、规章制定来说是不可或缺的一环，具有重要的意义。

从形式上看，立法草案在形式上是一项议案的一部分，也就是一项议案，即附案部分，它是在法律草案中，把一些法律规定执行、细化的内容，包括概念、原则、规范条文等，用文字形式表述出来。在法案中，立法草案涉及的议案事项有些是特别重大的，即制定后对经济、社会产生重大影响；有些则影响不太重大。对于影响重大的立法草案是由有立法提案权的主体起草；而影响不太重大的则可以是由没有立法提案权的主体起

草。提交给相关部门进行审查和修订，通过对立法草案不断反复论证修改形成最终版本，作为地方性法规、规章定稿。而在起草环节，不管是由政府机关制定的，抑或是由人民代表大会制定的，听取社会公众意见并未成为必经程序。

相比法案到法阶段，无论是立项还是起草，在这个过程中，公众的参与度要低得多，其影响也要小得多，具体有以下几个方面原因：

1. 与立法准备期的公共参与没有形成制度化和规范化有关。各地制定地方性法规、规章，但是在立法的准备阶段，自身还没有被引入法治化的轨道，在此阶段，公众参与也没有变成法律上的硬性规定，因此，对于立什么法，法规草案的形成过程，社会公众还没有一个制度化的参与渠道。在现实生活中，虽然也存在公民主动针对特定法律提出修改建议书的现象，但是由于缺乏对建议书的征集、反馈和修改等方面的规定，很多建议书并未受到应有的关注。至于法律的起草，则大多局限在有权立法机关及其内部机构，在调查研究后，才能拟定出一份法律文件，而一般情况下，草拟机关都会举行座谈会讨论，以征求意见为主，不过参与的大多是与立法草案相关的主管机关，至于要不要让民众参与座谈会发表意见，也不在起草环节法定程序规定中。虽然《中华人民共和国行政许可法》对立法过程中征求民意作出了明确的规定，但是在实际操作中，其实施效果却不尽如人意。

2. 现实中对于此问题，有权立法机关对公众参与环节设置与否由自由裁量习惯性决定所致。没有规则就不能倾听民意。在立法草案制定过程中，深层的“精英决策”理念导致认为应该通过立法有权机关及其部门内部充分考虑和平衡，使其达到一定程度后，才能向公众公开。然而来自人民的立法需求意志不能完全融贯其中，只起到次要作用。现行地方立法草案的制定主体并没有作出明确的限定，因此，草案的制定权力具有可委托性，可以由不同的部门、机构、组织等主体来参与起草，从而确保立法草案的合理性和可行性。制定主体方面，由各级人民代表大会的相关内部机构制定，就是以人民代表大会的有关委员会为主拟定立法草案内容。在实际操作过程中，邀请专家学者以及其他有实际经验和技术的相关组织参加较为常见。另外，还需要相关的政府部门，特别是负有主要职责的主管部门牵头来制定。

3. 委托非立法、行政机关的第三方专业机构起草，具体步骤为：(1) 立法草案起草的确定；(2) 确认地方立法草案的制定主体；(3) 各个参与起草主体的任务分配和起草团队组建，其中包括成立立法委员会，由相关领导担任委员会主任；(4) 草案立法目的的明晰；(5) 进行草案内容调研和可行性论证；(6) 建立框架，拟定草案大纲，制定草案起草大纲，将草案内容划分为若干章节；(7) 将草案形成文字并完善形成正式草案讨论稿版本；(8) 听取各相关单位的建议，并对不同利益主体提出的建议进行论证和平衡与协调；(9) 进行审慎审核与修订，将草案进行审核并听取各方意见；(10) 将草案讨论稿版本完善并形成法案正式文本。在具体的立法制定过程中，可以存在以上几个步骤并行或交叉进行的情况。例如，有权立法机关召开立法会议，可以确定一个主要部门牵头起草，同时组建成立起草小组，并根据草案起草各个步骤的任务、要求，将承担起草主体的任务分配到各个起草小组，以确保各个起草主体能够根据所分配任务的要求完成各自的任务。

委托非立法、行政机关的第三方专业机构起草立法草案，是指在立法草案拟定过程中，为了能够有效地提升地方立法的科学性和民主性，以公开招投标的方式，将地方立法草案的制定权力委托给相关的高校、科研院所或其他社会组织来完成，让公众参与其中。由受委托的第三方专业机构起草立法草案，通常是由政府指定的组织或者个人，但不是政府直接参与，而是由第三方机构根据实际情况和需求，以独立的态度完成草案的起草工作因此，第三方专业机构起草的草案，具有更高的专业性、客观性和准确性，能够有效地帮助政府更好地制定政策法规，以满足社会发展需求。在这个过程中，首先，会进行招标，由相关的立法权力机关对报名单位进行审核、评估和筛选；其次，在招标中会有相应的竞争机制和监管机制，以保证招标过程的公正性和客观性；最后，通过招标结束后，会对中标单位的立法能力、立法合同签订主体的资格和履约能力进行严格的审查和筛选。通过这种方式，可以有效地提升地方立法的科学性和民主性。

第三方专业机构起草立法草案，人大常委会组成人员可以通过书面形式提出意见，也可以通过与相关专门委员会进行沟通，以及向社会各界征求意见，对立法草案建议稿进行修改。此外，社会上各个方面的意见也是重要的补充，可以帮助完善立法草案建议稿，将收集到的公众意见进行汇总，从而形成更加完整的意见建议。因此，为了提高立法听证的透明度，第三方立法起草机构可以采取多种方式，比如制作立法听证报告，将听证会意见的接受情况反馈给参与公众及向社会公开，以便让公众能够更好地了解到听证活动的内容以及所涉及的问题，从而提高公众提出的意见被接受的比例；另外，第三方立法起草机构还可以通过与社会组织合作等方式，充分发挥自身的优势，在提高立法听证透明度方面发挥更大作用。

（二）地方立法程序阶段的公众参与的内容

地方立法程序阶段的公众参与具体实践主要是反映地方性法规草案意见建议和反馈、地方性法规适用意见两个方面内容。

这个阶段的公众参与主要是通过立法机关公开征求意见的法规草案，为公众提供关于立法过程和条款的有关信息，并根据社会发展趋势、实际情况，对法规草案提出意见和建议，以实现社会公正和维护公众利益。可以针对立法指导思想、目的依据、目标任务、措施方案的落实情况、法律监督、法律责任等方面进行充分研究，从而确定立法指导思想、目的依据、目标任务、措施方案和法律监督等执行性或创新性规范的管理规定、实施办法。通过对相关立法基本规范范畴的深入分析，提出一些有用的意见和建议，以供立法机关参考，主要是对名称体例、框架结构、规范效果、表述方式等进行全面而深入的分析，以确保立法的质量和效率。如将名称体例和框架结构进行重新设计，以提高立法质量；对规范效果进行更深入的研究，以确保法律条文的质量、提高立法工作的效率；提出一些符合立法技术规范的表述方式，以确保立法的科学性等。从立法基本技术范畴出发，可以考虑编写章节段、条款项目、字词句段和标点符号等，以对具体法律条款进行更加合理的修改和调整，从而实现立法的优化。同时，为了避免规范条款过于书面化而变成“死法”①，可以根据具体情况采取不同的立法基本优化方法，例如“删除、保留、修改、添加、整合”的方法范畴。“删除”就是去掉不符合上位法律法规规定的内容，“保留”是保留对科学立法、提高适用性有价值的内容，“修改”是对不合理的、执行性较差或不符合逻辑的内容进行修改，“添加”是为保障立法规范符合新的区域性、民族性特点和增加规范的创新性在原有的法律规定上增加新的内容，“整合”则是把原来的法律规定整合起来，使其在体例和框架结构上更具有系统性和全面性。根据实际情况对具体法律条款进行必要的修改和调整，以更好地满足社会发展和人民群众的实际需要。新时期的立法理念以高质量立法为核心②，地方立法精细化是立法规律内在要求，而选题的精准性、内容的精良性及表述的精练性是地方立法精细化的内涵③。公众可以从多个角度来思考并提出问题，也可以提出多种解决方案，以更加全面地解决问题；还可以进行论证，把各种可行的语用方式和解决方案进行比较和选择，最终得出合适的解决方案。还可以从实际出发，提出一些有建设性的建议，供立法机关参考。

在草案征集意见阶段，采用听证会方式征集意见，是地方立法工作中邀请公众参与的常用方式。采用此种方式，可以使公众对立法的目的、内容及实施方案有更深入的了解和认识，有助于公众更好地参与立法工作，从而使立法工作更加有效。另外，采用立法听证比通过公告征集意见的方式更加直接和高效，有些地方立法还在听证中加入辩论机制，公众可以在立法听证中基于对立法更深入的理解和认识的基础上，通过适用立法基本优化方法，对草案提出自己的意见。

地方立法适用阶段公众参与是指地方立法过程中对于在地方性立法规

① 郭玉洁．设区的市的地方立法问题研究[J]．西部学刊,2020(2):123.

② 韩璐．新时代地方高质量生态立法工作机制探析[J]．广西民族大学学报(哲学社会科学版),2020,42(3):97－103.1,6(6):64－80.

③ 丁祖年,粟丹．地方立法精细化的内涵与路径[J]．地方立法研究,2020,5(4):15－28.

范施行后，实施过程中可能存在的问题通过向公众征求意见的方式进行反馈与回应，特别是通过立法评估方式进行回应；也可以是针对实施过程中已经出现的问题，在提出开展执法检查活动建议的基础上进行规范条款的设定。在进行立法后评估时，反映实施中存在的问题是一个关键环节，其重点可以从合法性、合理性、操作性、实效性、协调性、规范性等方面进行考察，其中合法性指的是立法的内容必须符合宪法和法律；合理性则指的是立法在内容上要有科学性和合理性；操作性指的是立法要符合实际，具有可操作性；实效性则指的是立法要达到预期目标；协调性指的是立法要与其他法律法规协调一致，避免矛盾冲突；规范性则要求立法应当遵循法律规定，确保在执行法律过程中不能随意改变或变更。

（三）地方立法程序阶段的公众参与的具体思考方向和思路

反映地方性法规草案意见建议和反馈地方性法规适用意见方面，立法的公众参与的思考方向和思路具体可以根据以下进行考虑。思考的方向为：法规草案的名称、条文的表述，存在的问题，解决问题的方案，建议的规范表述。具体思路可以遵循：首先，要明确法规草案的名称和规范条文是否符合立法技术规范和行政管理、行政机关权责规定，结合立法目的、适用实际情况分析其中存在的问题；其次，对法律文本中出现的问题进行剖析，提出解决问题的方案，以及应该采取怎样的措施；最后，针对所提出的方案进行整合和规范表述。

其中，地方立法适用阶段的公众参与主要适用于在地方性法规施行后反馈实施中的问题，提出要求进行评估的意见，提出开展执法检查活动的建议。反映实施中的问题、进行立法后评估可以从合法性、合理性、操作性、实效性、协调性、规范性等方面进行考察，重点关注涉及行政许可、行政处罚、行政强制、行政收费、法律保留等方面的内容。其中合法性方面主要考察的是有无超越权限；有无违反上位法规定；有无违反法定程序。合理性方面主要考察的是内容是否客观、适度；设定的规范是否可操作、内容相互之间是否协调；是否符合本行政区域的具体情况和实际需要；是否符合社会公平正义。建议的解决方案的提出可以包括由制定机关修改、废止、解释法规，由有关机关裁决适用，由有关机关改变或者撤销法规，由有关人民政府及其部门制定配套规定的意见以及其他具体的建议内容，尤其是涉及行政许可、行政处罚、行政强制、行政收费、法律保留等立法法、行政法的内容。

行政许可是指有关部门在法定范围内，通过行政审批允许行政相对人获得从事某种行业或作出某种经营行为的方式，对特定行业进行管理；行政处罚则是指有关主管部门对违反法定义务的行政相对人的行为进行处罚；行政强制是指有关部门对违反法定义务的行为进行强制执行；行政收费是指有关部门按照法律规定收取一定费用；法律保留是指有权立法部门应当按照法律规定保留特定事项的立法权力，明确该特定事项的法律与地方性法规、规章的立法权限和界限。

（四）实践案例

人大地方性法规起草的公众参与具体实践案例

实践案例一

《XX市全域旅游促进条例（草案征求意见稿）》论证意见与建议
（2022年2月17日）

一、《XX市全域旅游促进条例（草案征求意见稿）》［以下简称条例（草案）］的体例结构是否合法、合理，文字表述是否严谨规范？

基本论证意见：关于条例（草案）的体例结构，建议第四章后增加一章“法律责任”，凸显对旅游资源开发利用保护的刚性；该条例草案内容合法，法律条文规范根据法律规则结构使用“应为模式”严谨规范，体现了国家通过促进型积极立法手段对公民全域旅游消费需求的尊重和最大限度的满足 。

（一）体例结构

建议增加体现设区的市立法对上位法关于旅游资源“保护”的补

充、细化的“法律责任”章节。

《中华人民共和国旅游法》（以下简称旅游法）第一条明确了“保护和合理利用旅游资源”是立法目的的内容，根据全国人大《立法技术规范（试行）（一）》对法律用语分析，“和”连接的并列句子成分，其前、后各语句之间没有明显的主次关系，且相互转换之后其语义也不会改变，但在表达方式上，必须按照语句之间的重要性、逻辑关系以及语言使用的习惯来排列。该条将“保护”“合理利用”二者使用“和”字连接，且“保护”一词放置在前，表明旅游资源保护意义的重要性不言而喻。

根据旅游法第四条规定，国家鼓励各类市场主体在有效保护旅游资源的前提下，对旅游资源应当按照法律规定进行合理的开发和使用，更是明确了“有效保护”作为“依法合理利用”的前提，体现了旅游资源要与产业开发相协调，要特别注重保护环境和生态；该法第十八条、第十九条进一步规定了旅游发展规划应当与资源保护和利用规划相衔接；第二十一条的规定再次重申对资源进行旅游利用要符合资源保护的要求，有关主管部门应当加强对资源保护和旅游利用状况的监督检查，明确了旅游资源保护、利用的保护主体，即行政机关通过监督检查方式加强资源保护和旅游利用状况，上位法对所拟创制立法的旅游资源保护、保护与开发利用衔接事项虽然已经有涉及，但是如何保护、如何衔接的具体事项并没有具体规定，建议在相关条款中进一步体现这一要求。通过对旅游法第一条、第四条、第十九条、第二十一条的规范体系化观察，旅游资源的保护与开发利用在全域旅游促进中密不可分。其要求设区的市地方立法时必须坚持目标导向对立法规范进行有效组织并提出解决目标实现中的问题、设立规范文本各个结构中要实现的任务、要求，始终关注提高管理治理能力现代化的要求，以解决本行政地区中的现实问题为目标，以上位法中的基准性、原则性、方针性规定为指引，推动地方治理现代化。

本条例（草案）第一条[①]将“为了合理开发利用旅游资源”作为立法目的，是条例中所有规范条文所要达到的规范目标。结合旅游法以上条文的分析可见，对旅游资源进行合理的开发和利用，首先需要对其进行有效的保护，在开发利用过程中也应包括对开发前的规划、根据规划进行开发、利用后的保护问题。从体例设计的合法性、科学性来看，建议加强并凸显对旅游资源开发利用“保护”的刚性。

（二）关于文字表述是否严谨规范

从条文规范性质分析，建议增加倡导性规范、义务性规范，采用禁止行为模式的法律规则。

1. 从条文规范性质分析，总体上是合理的，从内容的均衡和完善及立法的稳定性考虑，可以补充针对全域旅游产业开发市场规制对象中的企业法人、组织及个人等增加全域旅游产业参与投资、管理、保护等的倡导性规范和义务性规范，采用禁止行为模式的法律规则。

2. 涉及“全域旅游产业开发市场规制对象中的企业法人、组织及个人”的条款主要有5条，即第八条第二款、第十七条第二款、第二十一条第二款、第二十五条第三款、第二十七条第三款，占比非常小。这些条款均属于倡导性规范，通常不会引起实质的法律效果，只是从法律上倡导民事主体按照特定的方式从事法律行为，这些市场主体中的企业法人、组织及个人可以排除该规范的适用，仅具规范的指引效力；且结合本条例（草案）并没有“责任承担”这一篇章结构，从体系上来看，对这类规范的违反，通常不会影响具体法律关系的效力，增加义务性规范有利于对全域旅游产业开发中的企业法人、组织及个人等因用地紧张等旅游资源稀缺性导致出现矛盾纠纷，或在全域旅游产业参与投资、管理、保护活动中出现的违法行为进行规制。

3. 处理的方法：第一，以章节为单位，或通过主体行为适用条件

---

① 第一条　为了合理开发利用旅游资源，促进全域旅游高质量发展，根据《中华人民共和国旅游法》等法律、法规，结合本市实际，制定本条例。

增加全域旅游产业开发中的企业法人、组织及个人等市场规制对象，以“禁止行为模式+制裁”的法律规则构成设定法律责任，形成规范条款。第二，结构体例上通过第四章后增加一章“法律责任”解决。

二、第二条第二款①关于全域旅游定义的规定是否科学、准确

基本论证意见：将“实现旅游发展全域化的旅游模式”中的“全域化”更改为“国际化、特色化、品质化”。

《国家旅游局关于印发〈全域旅游示范区创建工作导则〉的通知》（旅发〔2017〕79号）的第1.2点对全域旅游概念的界定中，并没有重复使用“全域化”属性解释“全域”的内涵，使用与需解释的概念“全域旅游”相同要素的“全域”属性进行阐释是违反语言学的解释逻辑的，会导致“全域”概念解释不清晰，不明确。而该通知第1.2点中的“最大限度满足大众旅游时代人民群众消费需求”体现了品质化，结合XX市条例（草案），第一条立法目的是“促进全域旅游高质量发展”表明了本规范的“品质化”属性要求。第十二条②提出按照“国际化、特色化、品质化”要求打造旅游目的地，而第十三条、第十四条、第十五条、第十六条、第十九条、第二十条等，均是对“国际化、特色化、品质化”属性的管理创新。

三、第二章③关于产业支持和促进的内容是否合理、可行？

基本论证意见：从条文规范性质和章节结构分析总体上是合理、可行的。

从第二章名称“产业支持”来看，章节的内容更多体现为市场规制主体政府方积极通过法律、经济等手段，结合地方特色促进自然、

---

① 本条例所称全域旅游，是指将本市行政区域作为完整旅游目的地，充分利用区域内的旅游资源，统筹规划布局、优化公共服务、推进产业融合，实现旅游发展全域化的旅游模式。

② 市、县（市、区）人民政府应当支持依托壮族百鸟衣故事、壮族三月三、壮族三声部民歌、壮族歌圩、壮乡养生美食、壮族服饰等具有全国性影响力的壮乡风情资源优势，创新文化旅游发展模式，挖掘壮乡风情旅游资源与文化元素，按照“国际化、特色化、品质化”的要求，打造中国壮乡风情国际旅游目的地。

③ “第二章 规划和产业支持”，从第十条至第二十三条。

人文等旅游资源的多种生产要素自由流动，从而支持和促进旅游产业发展。

本条例（草案）37个条文使用政府作为主体的条文“应当”行为“应为模式”规范有34处，涉及行政部门作为主体的条文“应当”行为“应为模式”规范有16处。借助“应当”所具体处在的语境和规范之间的脉络联系，将该条款置于整个法律体系之中，借助法律规范之间的相互关系、结合规范效力进行解释，认为这些条款主体是行政机关及其部门，并非属于强行性规范中的效力性规范，属于管理的行政性规范。因为这些条文意义上的“应当”是为了实现国家对社会管理、履行经济社会服务职能的需要，结合本条例（草案）并没有“责任承担”这一篇章结构，从体系上来看，对这类规范的违反，通常不会影响具体法律关系的效力，但违反了国家的管理秩序 。本条例（草案）中第二章第十二条、第十三条①、第十六条②所提到的项目，在国家产业政策的《西部地区鼓励类产业目录》（2020年本）中有所体现。

行业自律组织也是市场规制主体之一，条例（草案）中也设有条文，以确认性规范形式来明确行业协会作为自律组织的合法身份和功能，充分利用行业自律组织独立的市场优势，有助于在现实中弥补旅游项目建设管理过程中存在的不足，从而在章节内容上相辅相成、互相补充。

四、第三章③关于服务保障的规定，尤其是第二十五条④关于土地

① 市、县(市、区)人民政府应当利用南宁国际民歌艺术节、南宁国际马拉松赛和龙舟赛等特色节会、体育赛事,塑造旅游品牌。

② 市、县(市、区)人民政府应当鼓励和支持利用生态资源、中医药和医疗产业资源,开发医疗、养老、康养、休闲养生等特色生态康养旅游。

③ “第三章 服务保障”,从第二十四条至第三十三条。

④ 市、县(市、区)人民政府应当按照分类管理、灵活供地的原则,采取规划预留、计划指标等方式,保障旅游重大、重点项目等建设用地。市、县(市、区)人民政府采用先租后让、租让结合等灵活的土地供应方式,实施点状供地模式为旅游项目建设提供用地。鼓励和支持依法利用荒地、荒坡、荒滩、废弃矿山、荒废厂区、闲置村集体场所等进行旅游项目开发。

保障的规定，是否合法、合理、可行

基本论证意见：第三章关于服务保障的规定符合上位法规定，第二十五条是对上位法的细化，但该条中所列举的旅游资源类型不具有类型化上的互斥性，建议修改。

第二十五条第一款“按照分类管理、灵活供地的原则”符合上位法《城乡规划法》第二条“切实可行原则”和第四条“先规划后建设的原则”“促进资源、能源节约和综合利用”“保持地方特色、民族特色和传统风貌，……并符合区域人口发展需要”。

第二十五条第二款“先租后让、租让结合等方式”参考了《XX市全域旅游促进条例》第十一条，但根据《中华人民共和国宪法》《中华人民共和国土地管理法》的规定，对“出让”供地方式一般应用于土地性质由农村转为城市土地的一级土地市场开发中，故土地出让后性质变为城市土地，经土储部门招拍挂方式结合规划进行开发，而XX市将该出让为城市性质的土地“为乡村旅游项目提供用地”值得商榷，结合实际来看表述有欠严谨。本条例第二十五条第一款对此表述做了调整值得称赞。同时，建议深入考虑是否区分城市与农村集体土地不同性质、权属对供地不同方式的要求进行分类表述，特别将城市户籍者是否可以长期开发利用农村集体土地的流转新法律政策规定纳入其中进行考虑。

设区的市地方立法在法规项目的选择上可以着重制定实施性立法和对策性立法，对上位法中只是进行原则性规定的具体事项进一步细化其法律关系，使其清晰明确，逻辑周延，不产生歧义，实践中能够有效适用。设区的市立法对国家及省级立法中所调整的事项做进一步的细化和补充，规范其程序要求，增加操作性内容。第二十五条第三款即是对《中华人民共和国旅游法》中旅游资源合理利用的细化。

依据该条文规定：对荒地、荒坡、荒滩、废弃矿山、废弃厂区、闲置村集体建设用地场所等地方，依照法律规定，实行合理利用，鼓励并采取多种方式支持开发符合土地资源充分利用的项目开发来发展旅游业。

采用列举式的立法技术，能对旅游资源这一抽象概念进行类型化列举，在本条例（草案）总论、附则中没有对旅游资源概念进行名词解释的情况下，对实践起到很好的指引作用。但是，该条例中所列举的旅游资源类型不具有类型化上的互斥性，从科学性角度建议修改。"荒地、荒坡、荒滩"是从《中华人民共和国宪法》第九条的国家所有的自然资源属性引用视角列举，村集体场所是依据《中华人民共和国宪法》第十条、《中华人民共和国土地管理法》第六十二条第五款，从土地所有权属性进行划分，由于所列举的旅游资源标准不统一，导致类型化分类杂糅，不具有互斥性，各个列举部分不呈现全异关系、没有体现互不相容特点，导致"废弃矿山"与"荒地"范围界定不明晰，"废弃厂区"既可能属于城市所有，也可能被"村集体场所"所包含。建议统一标准再进行具体列举。

五、根据《XX 市全域旅游总体规划（2017—2025 年）》明确的"XX 市三大核心主题"之"壮乡风情"，第二章第十二条对打造中国壮乡风情旅游目的地提出了要求，是否必要、合理

基本论证意见：有必要 。

根据立法法第七十二条，设区的市在行使立法权过程中，要立足于本行政区域实际，专注于对本行政区域内具体事务、单一事项进行自主创新立法，制定出有较强的、具体的、有针对性的地方性规定。对打造中国壮乡风情旅游目的地提出要求往往可以，而且应当突出设区的市立法这些特色。第二章第十二条将具有代表性的壮乡风情资源通过列举的立法技术展现指引效果好，有利于培育《中华人民共和国非物质文化遗产法》第三十七条第一款所称的"地方、民族特色和市场潜力的文化产品和文化服务"。

六、对条例（草案）的其他意见建议

建议：增加定义条款，对"旅游资源"进行定义。

具体而言，就是设区的市开展地方立法时要在对上位法的细化、

深化、补充、延伸方面下功夫，解决部分上位法在法治实践中“看得见管不着”的问题。所谓的“细化”，指的是设区的市的立法应该与本地的具体情况相联系，将上位法中抽象的、模糊的或者存在模棱两可的规定进行明确化、具体化，让上位法更加贴近生活，进而提高法规指导实践的适用性，方便法律、行政法规和省级地方性法规的落实。增补主要表现为两种情况，一种是法律的填补，另一种是法律续造。立法精神和原则已经囊括在其中的，可以在地方立法中对相应规定加以补充。旅游资源作为贯穿整部条例的核心词汇，由于旅游资源内涵外延在法律中尚未明晰，建议进行解释，这有利于在明确旅游资源属性及具体要素的基础上，更好地对本条例第二十五条第三款列举的旅游资源进行科学类型的划分。

实践案例二

《XX 市城市内河湖泊管理条例（草案征求意见稿）》论证意见与建议

（2022 年 11 月 20 日）

总体来说，《XX 市城市内河湖泊管理条例（草案征求意见稿）》［以下简称条例（草案）］综合考虑了上位法和《XX 市生态环境保护“十四五”规划的通知》、结合地方实际情况在内容上对上位法进行细化，更能发挥立法的实践指导作用，是值得肯定的。本论证在结合自身律师司法实务工作、熟悉人民法院对环境民事公益诉讼案件审理思路、了解水利部发布侵占破坏河湖典型案例基础上，通过司法实践反哺立法，侧重从《中华人民共和国宪法》《中华人民共和国立法法》等宪法性文件和语言、语用的立法技术出发进行检视，对规范性质、体系性功能等分析本条例（草案）中立法规范设定合法性、合理性和可行性进行论证。

一、条例（草案）的体例结构是否合理、适当，文字表述是否严谨规范?

论证意见:

(一)体例结构方面,本条例(草案)采用的体例结构为条款式,具有合理性,符合调整事项的调整范围和复杂程度。调整范围涉及的城市河湖水环境属于范围比较狭小、内容比较单一的法规,不一定追求与上位法结构完全对应。本条例虽然走的是“小而精”的精细化道路,但解决河湖管理范围内侵占、填占、污染内河湖泊现象的核心问题突出。设区的市开展立法时必须坚持问题导向,时刻注意以提升治理能力现代化水平为要求,以解决本行政区域存在的实际问题为目的,以上位法中的基准性、原则性、方针性的规定为指引,推动地方治理现代化。建设和保护相关的规范体现出综合治理、严格保护内河湖泊水环境的同时没有弱化政府责任,突出管用的关键性。体现对河湖利用要求多元化地方特色,本条例(草案)的规范制定是一项关系到保护水资源、发挥城市内河湖泊的综合效益责任承担综合性的系统工程,也是一项技术性很强的立法活动,因此,要制定体例科学、结构严谨、规范合理、具有XX市露营烧烤等群众喜闻乐见的休闲娱乐的河湖综合利用地方特色、体现立法目的的城市河湖法律规范,就必须要按照体系化的思维方式,科学合理设计本条例(草案)的体例及对各项具体制度的体系进行安排。

(二)关于文字表述是否严谨规范方面

本条例(草案)内容分城市河湖水环境的规划、建设、保护、利用及相关管理活动等部分,第一条至第十条的规范功能是概括地表述贯穿于本条例的立法目的、价值取向、基本原则、基本制度等。第十条以后是有关具体行为规则的规定,对总则确立的立法原则、基本制度等予以细化,对城市河湖规划、建设、保护、利用及相关管理活动有关的公民、法人和其他组织的权利与义务、权力与责任作出具体的规定。具体文字表述严谨规范方面具有以下小瑕疵,建议修改。

1. 将第十九条第二款关于河湖清淤疏浚规范中“严禁将底泥随意

堆放、倾倒”中的“严禁”改为“禁止”。

理由：根据全国人大常委会法工委的立法技术规范（一）中明确不再使用“严禁”等与“不得”和“禁止”相近的词语。本款属于无主语的祈使句，使用“禁止”表达命令、警告、禁止等符合全国人大立法技术规范。

2. 第二十九条是有关禁止行为的规范，该条规定“在河湖管理范围内，禁止下列行为：（七）种植农作物、林木等（护堤、护岸林木除外）”，建议将“护堤、护岸林木除外”修改为“除护堤、护岸林木外”。

理由：本规范中“护堤、护岸林木”搭配的除外句式用于对条文内容作排除规定的表述。改为“除……外”作为对条文内容作排除、例外表达，根据全国人大常委会法工委的立法技术规范（一）规定，是置于句首或者条文中间，表述为“除……外”，将“除外”二字合并放置于最后，不太规范。

3. 第八条第二款关于社会参与的规定中，“ 其他城市河湖由城区人民政府按照本条例的规定组织开展日常管理和养护”中的“按照”修改为“依照”。

理由：本条例属于地方性法规，以法规作为依据的，一般用“依照”。

4. 第三十一条关于“法律责任”的规定？“违反本条例第二十九条规定，有下列情形之一的，由城市管理综合行政执法部门按照下列规定予以处罚”。建议将“按照”改为“依照”。

理由：本条例属于地方性法规，以法规作为依据的，一般用“依照”。

5. 第十一条关于专项规划的规定：“市住房和城乡建设主管部门应当会同自然资源、生态环境、水利等有关部门，根据国土空间规划编制河湖水环境建设专项规划，报市人民政府批准后实施。”建议将“根据”改为“依据”。

理由：并非引用宪法、法律作为立法依据的，建议用“依据”。

6. 第三十条关于衔接条款的规定，条例表述为：“违反本条例规定的行为，法律、法规已有法律责任规定的，从其规定。”表达不够严谨，建议将“法律、法规已有法律责任规定的”修改为“法律、法规已有法律责任规定的”。

二、本条例（草案）第二条①将适用范围明确为本市城区范围内河湖水环境的规划、建设、保护、利用及相关管理活动，是否合理、适当？

论证意见：

总体上是合理、适当的。本条例（草案）第二条将适用范围明确为本市城区范围内，划定本条例调整的范围对管理实践起到了很好的指引作用。由于河流等水资源具有流动性和延续性特点，经过界定后，能通过结合国土空间规划和地方详细规划明确本条例范围界定的“本市城区范围内”与不属于城市规划范围水资源具有类型化上的互斥性、具有实践操作性且符合类型化的立法技术规范要求。对河湖水环境的规划、建设、保护、利用及相关管理活动属于政府对自然资源和生态环境保护的职责，由于该保护活动需要消耗财力、人力且需要强制力才能实现，在公民个人能力无法达成时，需要政府的介入。XX市在已经取得市内河湖治理阶段性成果且已有公私合作治理项目成功运营经验情况下，作为设区的市的地方立法在具体条款内容的规定上将立法范围的选择确定为规划、建设、保护、利用及相关管理活动，且侧重衔接《水利部关于加强河湖水域岸线空间管控的指导意见》（水河湖〔2022〕216号）中河湖管控要求的河湖保护上，结合XX市地方特点对河湖开发利用进行规定，对上位法中进行原则性规定的具体事项进一步细化其法律关系，并着重制定结合地方的实施性立法和对策性立法，规范其程序要求，增加操作性内容，逻辑周延，清晰明确，不产生歧义，实践中能够有效适用。设区的市立法对国家及省级

① 第二条本市城区范围内内河湖泊（以下统称城市河湖）水环境的规划、建设、保护、利用及相关管理活动，适用本条例。

立法中所调整的事项作进一步的细化和补充，明确河湖水域岸线空间管控边界。

三、第十一条至第十三条关于河湖规划和建设的规定，是否合法、合理、可行？

论证意见：

从条文的规范结构来看，总体上内容合法、合理；在加强规划工作方面，本条例（草案）对河湖水环境建设专项规划编制、多规划衔接和规划满足的要求等内容作了规定，对XX市内河湖及水岸线空间各类规划编制及规划间衔接事宜作了具体规定，有利于健全河湖水环境保护顶层设计；对河湖综合治理工程要求进行了规定，有利于破解当前河湖水环境项目治理“瓶颈”问题。本条例（草案）根据规划引领与政策促进对具体问题作出相关规定，因地制宜安排河湖管理保护控制带。第十三条①通过采用列举式的立法技术，能对河湖综合治理工程建设这一抽象要求进行类型化列举，对实践能起到很好的指引作用，同时做到了水资源自然风貌与城市河湖治理间的平衡。建议进一步根据地方情况明确细化法律法规以及岸线功能分区管控要求等，对不同情况的桥梁、码头、道路、渡口、管道、缆线、取水、排水等涉河建设项目，遵循确有必要、无法避让、确保安全的原则及规范以体现立法精细化。本条例（草案）第十条②规定的河湖管理范围划定的主体符合《中华人民共和国河道管理条例》第二十条关于河道的具体管理范围，由县级以上地方人民政府负责划定的规定。

四、第十四条至第二十三条关于河湖管理和保护的规定，是否合

---

① 第十三条【河湖综合治理工程建设要求】城市河湖综合治理工程建设应当符合下列规定：(一)满足沿河驳岸退距要求；(二)配置建设相应的截污管网设施；(三)保留自然弯曲的河岸线、深潭、浅滩、泛洪漫滩、天然的砂石、水草、江心洲(岛)，优先采用自然护岸、植物护岸等生态护岸形式；(四)保持水体流动，促进城市河湖自净能力和生态系统的恢复；(五)不减少城市河湖水域面积；(六)保护和展示沿河历史文化遗存；(七)同步建设两岸绿地、慢行交通系统和照明设施，并根据实际需要配建旅游、休闲、健身等设施；(八)其他符合生态环境保护的要求。

② 第十条【河湖管理范围】市水行政主管部门应当会同自然资源、交通运输、住房和城乡建设等有关部门划定河湖管理范围，经市人民政府批准后向社会公布。

法、合理、可行？

论证意见：

关于河湖管理和保护的规定，总的来说是合法、合理、可行的。第十四条至第二十三条关于河湖管理和保护的规定中，清理整治的内容与近年来检察公益诉讼重点关注事项具有较高的一致性，对于常见的非法排污、设障、捕捞、采砂、采矿、围垦、侵占水域岸线等活动进行了明确规范，有利于管理行为有法可依。建议对检察公益诉讼重点关注《水利部关于加强河湖水域岸线空间管控的指导意见》提出的严格管控各类水域岸线利用行为涉水违建问题、对于河湖水域岸线空间范围内违法违规建筑物及构筑物细化管理规定，以利于行政执法能依法依规、实事求是、分类处置。第十四条①关于水域岸线管理规定中，明确应科学划分河湖岸线保护区、保留区、控制利用区、开发利用区，进行分区管理保护。如能采用列举式的立法技术，对不同分区所适用的情形进行类型化列举，确定不同分区类型化的互斥性，把握好河湖岸线保护区、保留区与控制利用区、开发利用区间的规范限制强度，确保规范限制符合比例原则。

五、第二十四条至第二十八条关于河湖水域开发利用的规定是否合法、合理、可行？

论证意见：

第二十四条至第二十八条关于河湖水域开发利用的规定具备一定的合法性，但部分条款合理性、可行性稍有欠缺。根据立法法第七十二条，设区的市在行使立法权过程中，要立足于本行政区域实际，专注于对本行政区域内具体事务、单一事项进行自主创新立法，制定出有较强的、具体的、有针对性的地方性规定，对发挥城市内河湖泊的综合效益目的提出要求往往可以、而且、应当突出设区的市水资源合

---

① 市、城区人民政府应当依据国土空间规划和河湖水域岸线等管控规定，实行河湖岸线分区管理。科学划分河湖岸线保护区、保留区、控制利用区、开发利用区，明确分区管理保护要求，强化岸线用途管制和节约集约利用，严格控制开发利用强度，维护河湖岸线自然形态。

理开发利用立法这些特色。针对群众对河湖保护的意识不强，乱扔垃圾、违规种植、破坏附属设施等行为屡禁不止，随意搭建露营帐篷破坏植被、违规垂钓、捕捞等行为日益增多进行规范，发挥法的指引作用，对于严重行为通过第二十四条至第二十八条设置假定、处理模式，特别严重行为辅之以制裁条款规范结构，完善凸显法律责任。但由于第二十六条[①]规定中对“游泳、烧烤、野餐、宿营、垂钓等各类活动的区域和时段”进行了限定，属于对公民权利进行约束的限制性规范，因此设定时建议充分考虑搭建露营帐篷与破坏植被间因果关系的论证，通过调研和实证统计得出二者相关关系系数（Correlations）定量值，彰显立法的科学性、限制性、规范的正当性及具有一定群体规模的群众喜闻乐见的娱乐休闲方式对减少当前后疫情时代经济环境下公民的心理调节、工作压力的有益调适、工作资源的联结整合，从而对社会稳定和就业创新的溢出效应。在充分考虑符合比例原则下以最小的限制方式，合理划定区域和时段。城市河湖所涉水域岸线较为绵长开放，与范围有限、较为闭环的公园在管理上有所区别，管理难度较大，需要在充分研究论证社会稳定风险、可行性下进行。第二十六条所指活动的区域和时段属于对开发利用区的具体规制，可以通过对第十四条第一款涉及的其他三类区域所列举的事项，进行反向排除法，作为区域划定范围进行规范。限制时间宜采取结合植被具体特点和季节进行休养期和开放期的轮换，建议时间不以一日中的时间段进行限制。可以针对各项活动中的具体行为进行列举，以宣示性、指引性和禁止性规定相结合的方式，加强宣传引导，设立禁止性规定行为举报制度，发挥公民监督力量，减少管理中财力人力的耗损。

六、关于河湖管理，《中华人民共和国水法》《中华人民共和国防

---

① 市政和园林主管部门应当结合河湖两岸功能区分和群众需求，合理划定或者指定开展游泳、烧烤、野餐、宿营、垂钓等各类活动的区域和时段，并做好日常管理工作。单位和个人在指定区域开展烧烤、野餐、宿营、垂钓等各类活动的，应当遵守管理要求，保持环境干净整洁，并在活动结束后及时清理垃圾等废弃物。

洪法》《中华人民共和国水污染防治法》《中华人民共和国河道管理条例》《广西壮族自治区水污染防治条例》《广西壮族自治区河道管理规定》等法律、法规已经作了较为全面的规定，本条例（草案）还可以从哪些方面进行规定或者细化？

论证意见：

第二十七条①虽然是为了更好地进行水域利用而在河湖管理范围内依法设置水陆联动活动设施，但并不是针对行政机关各城区、部门的联防联治，建议在规范中可以对完善流域上下游水污染联防、联治，重点加强市内河湖流域生态环境联防、联控、联治，共同完善流域环境安全隐患联合排查、处置机制，强化部门联动执法，共享污染源监控信息，建立健全突发性环境污染事件应急联动机制方面的细化规定。

七、对本条例（草案）内容的其他意见建议

论证意见：

对于有的地方和企业非法采砂、违法抽取地下水、随意在河湖岸线丢弃废弃物等大肆谋取商业利益传统手段，片面追求经济发展速度，无视水法律法规，忽视河湖保护违规将建筑物、构筑物、附属设施建在河道、湖泊滩地和水库库区，以保护之名行破坏之实的违法侵占破坏河湖问题出现的新的类型，均对河道行洪和生态安全造成很大影响，可以进行立法细化规范。

① 在河湖管理范围内依法设置水陆联动活动设施，或者利用河湖开展飞桨板、皮艇等活动的，应当符合水功能区划要求，确保河湖行洪通畅，保证河湖工程、河湖水生态环境、水体、水质的安全。

政府规章起草、条例修改草案审查实践案例

行政管理职能类建议稿

实践案例一

《XX 市行政规范性文件管理办法（修改草案征求意见稿）》论证意见与建议

（2022 年 5 月 18 日）

总体来说，通过对语言学、语用学在立法技术上进行检视，已经体现出较好的立法科学性，结合 XX 市地方实际情况在内容上对上位法进行细化，更能发挥立法的实践指导作用，是可圈可点、值得肯定的。本论证更注重从立法学的视角对规范性、体系性功能等分析《市行政规范性文件管理办法（修改草案征求意见稿）》（以下简称办法）中立法规范设定的必要性、合法性与合理性。

一、考虑本规范性文件的适用对象不仅仅是“公民”，参照国家新出台的《中华人民共和国数据安全法》等最新法律中的表述，将办法中第二条①、第三条②等条款的“公民、法人和其他组织”修改为“个人、组织”，该修改是否必要，是否适当

基本论证意见：

办法中第二条、第三条等条款保留“公民、法人和其他组织”规范更适合。适用对象为用词考虑的一个因素，但也应考察词语自身内

① 本市行政规范性文件的制定和监督，适用本办法。本办法所称行政规范性文件，是指除政府规章以外，行政机关或者经法律、法规、规章授权的具有管理公共事务职能的组织（以下统称制定机关）依照法定权限、程序制定并公开发布，涉及个人、组织权利义务，具有普遍约束力，在一定期限内反复适用的公文。

② 下列对个人、组织权利义务没有直接影响的文件不适用本办法：（一）工作纪律、工作流程等工作规则以及人事、财务、外事管理等内部管理制度；（二）明确职责分工、工作步骤、工作要求等内容的工作方案、工作计划；（三）公布城乡建设、经济社会文化事业发展规划或纲要的文件；（四）应对突发公共事件的应急预案；（五）公布办事时间、办事地点等事项的便民通告；（六）对国有资产监督管理机构履行出资人职责作出规定的文件；（七）其他对个人、组织权利义务没有直接影响的文件。

涵外延等特征及属性、规范功能，并结合规范体系考察，从而正确使用以更好通过发挥其规范整体功能实现立法目的。

（一）从规范特征、属性辨析，“公民”一词侧重体现公民与国家或一定共同体存在必然联系。

在法学领域，“个人”是作为个体而存在的人，是可辨识的个体。法律文本中，个人概念的用语作为权利义务主体的“个人”，在与“组织”连用时，“个人”是与组织相对而言的，是表示“单一的”“各自的”“每一个人的”，指“单独一个人”，强调主体的单独性和个体性，即“个体人”，与具有一定系统性、整体性的集合体的“集体性、组织性”集合概念相对。“公民”一词侧重体现我国宪法和法律享有权利、履行义务的自然人，表明公民与国家或一定共同体存在必然联系的概念，体现其在国家中的政治地位，表明其作为国家政治生活参与者身份。办法第二条并非要强调行政规范性文件制定与公开发布时效力指涉权利义务主体的“单独性和个体性”的具体组织特点，更意在体现行政规范性文件制定和适用中其效力会涉及我国宪法和法律享有权利、履行义务的自然人，表明在制定规范性文件时立足点是将公民与国家或制定机关视为共同体存在必然联系的抽象意涵。

（二）从规范功能视角分析，“公民”一词的使用体现了办法制定对建设法治国家的意义，“个人”一词的使用更强调国家义务、每一个人的义务性。

从《中华人民共和国数据安全法》中“个人、组织”的规范使用体系性视角分析，“个人”一般用于授权性规范或义务性规范，而办法第二条、第三条并非这两种规范性质。

《中华人民共和国数据安全法》使用“个人”一词是用于授权性规范或义务性规范；使用“公民”一词在第二条适用范围中。使用“个人”一词有16个地方，集中分布在第一章和第三章。第一章是第一条、第七条、第八条、第九条、十二条，其中第一条用于立法目的的阐述，明确对规范数据处理活动中国家对保护对象主体为“单一的”个人、组织合法权益的表述。在第七条、第八条、第九条、第十二条中，从规范结构上看，与“国家”等集体概念连用时，“个人”表示与之相对的“每一个人”的单一个体，发挥的功能是概括地表述国家对个人的保护义务。贯穿于《中华人民共和国数据安全法》的立法思想、价值取向、基本原则、基本制度始终强调“国家—社会—个人”之间的关系，规范上具有对“个人”作授权性规定意蕴，通过对个人权利的确认来规定国家的义务，即强调个人作为单独的个体自然人享有要求国家保障数据安全的权利。第三章使用“个人”一词的九个条款均为义务性规范，将个人与“应当、不得、不履行……义务”等连用，直接对个人施加义务，旨在通过规范、限制“个人”的行为强调保障国家制度、法制的统一性，维护经济秩序、公民的自由和其他权利，是《中华人民共和国数据安全法》对单独个体自然人所提出的规范性要求，“个人”不得违反，必须履行这些义务。

办法第二条在规范结构上没有与国家、集体连用，不是规定国家负有满足个人“个体性”充分实现的义务，也不是强调个人的义务性规范，更非要体现“个体人”与具有一定“集体性、组织性”集合体系统性、整体性相对的特性。其并非授权性规范或义务性规范，属于具有陈述语句的确认性规范属性，即通过陈述概念对行政规范性文件这一事物特征的确认，从而对相关主体行为在宏观上进行引导，从事与该事务性质特征相一致的行为。结合《国务院办公厅关于全面推行行政规范性文件合法性审核机制的指导意见》（国办发〔2018〕115号）明确“推进依法行政、建设法治政府……保障公民、法人和其他组织的合法权益”的立法背景、办法第一条目的性条款的表述“为了加强行政规范性文件的管理，维护法治统一，建设法治政府”表明办法立法目的、立法思想和价值取向侧重于在规范性文件制定中追求政府治理现代化之有限政府与吸收公众参与之公民自治的新型公共治理模式。“公民”一词的使用体现了办法制定对建设法治国家的意义，“个人”一词的使用更强调国家和个人的义务性。

（三）从规范体系性视野来看，“公民”一词体现出保障公众充分参与和发挥自主性、能动性、创造性的新型公共治理的模式。

从规范体系上看，办法并非强调在规范性文件制定中国家对“每一个”“单一”个体的保障义务，而是将人视为主体性地位而非客体，保障其充分参与和发挥自主性、能动性、创造性，如办法第三章“制定程序”第十一条至第十八条中的征求意见、听证会、专家论证会等行政规范性文件制定过程中的吸收公众参与的制度设计，即它可以体现出个人与国家之间关系，它表明自己是国家的一员，是国家生活中的本原性主体，它构成了国家得以存在的根基，也是国家实现其职能的根本。

二、办法第五条以列举的形式对“可以制定行政规范性文件”的情形作出规定，该规定是否必要，是否合理、全面

基本论证意见：

以明确列举的形式对“可以制定行政规范性文件”的情形通过具体规范作出规定，以指引行政规范性文件制定主体明确立法方向，是对上级法律规定作指导实践的细化规定，如办法第五条[①]第（二）（三）款制定的规范属于典型的执行性规范，有利于提高立法质量，是有必要的，具有合理性，建议综合考虑，提高全面性。

全面性方面，依据第五条第（一）款制定的规范是针对“尚未作出明确规定”时可以通过创制性立法制定行政规范性文件，制定中需要注意上位法的制定依据。部门规范性文件主要是为了方便部门规章的执行而制定的有关政策性、技术性、辅助性的措施和办法。通常要有部门规章作为立法依据（包括为规范性文件制定寻求正当性依据而

① 第五条 有下列情形之一的，可以制定行政规范性文件：（一）法律、法规、规章和上级行政规范性文件对某一方面的行政工作尚未作出明确规定；（二）法律、法规、规章和上级行政规范性文件对某一方面的行政工作虽有规定但规定不具体、不便操作；（三）法律、法规、规章和上级行政规范性文件规定应当制定配套行政规范性文件。

修改后的规章)。办法第七条①肯定了“暂行”这一立法形式。作为民族自治地方，XX市各规范性文件制定主体发挥积极性与主动性，以暂行法形式探索XX市地方立法新领域、新内容，在实践中该立法形式也占一定比例。从全面性的角度，可以结合《立法法》第七十五条、第九十条和地方暂行性立法实际，考虑将该种情形列举于第五条中。

三、推动规范性文件主动适应经济社会发展，杜绝“僵尸文件”，办法第七条对规范性文件有效期作出了规定，该规定是否合理，作出例外规定的情形是否全面

基本论证意见：

(一)“特殊情况下”的表述过于抽象，规范实用性、可操作性不强，有欠严谨。

修改的思路有二：第一，通过对特殊情况进行明确列举方式；第二，通过审批程序作为延长的前提，如规范表述为“特殊情况下，制定机关报同级人民政府批准同意，可适当延长，但延长时间不超过8年”。

(二)暂行法文件失效后是否继续施行的安排并未明确规定。

办法第七条规定“有效期届满，行政规范性文件的效力自动终止”的规定对暂行法文件失效后实施效力时间表述过于绝对，建议以暂行法的实施效果为标准，失效时间体现相对确定性特点，妥善安排暂行法文件失效后是否继续施行的实践难题。暂行法在失效方面存在三种形式：一是暂行法的效果尚未完全实现，有进一步改进的余地，通过对其作出一定的修正后，使一些条款失去效力；二是暂行法的效果没有达到预期的目的，经实践证实有不当之处，必须予以废除，标志着该法规的立法意图已经落空；三是暂行法的实施成效达到了预期目标要求，制定正式立法条件已和社会需求的治理效果相契合，将暂

① 除专用于废止行政规范性文件外，行政规范性文件应当规定有效期限。行政规范性文件有效期限一般不超过5年，特殊情况下，最长不超过8年；标注“暂行”“试行”的行政规范性文件有效期限最长不超过2年。有效期届满，行政规范性文件的效力自动终止。

行法转化为正式立法而各条款的指引、规范、强制等效力得以延续。前两种形式与正式立法一样面临修改和废止。在第三种情形下，转化为正式立法使部分条款甚至全部条款继续有效。当立法存在进一步完善的空间时，可继续实施；当立法被证明确无效用或不妥当时，需要及时废止暂行法。依据《立法法》第十一条、第六十五条规定的“待制定法律条件成熟时”规范表述赋予了效力延续的合法性。暂行法目的是累积经验、创造条件，是正式立法具体细节的前期实践，以转化为正式立法为依归。在足够经验和成熟条件基础上，及时将暂行法及时转化为正式立法才能彰显暂行的有效性，而此时暂行法文件的失效并非绝对的效力终止，需要在立法上妥善安排暂行法文件失效后是否继续施行以指导实践。

实践案例二

《XX市城市管理相对集中行政处罚实施办法》立法修订建议

（2020年12月2日）

关于第五条第（二）款[①]的法律意见

立法建议：

建议将第五条第（二）款改为“行使市政设施维护管理方面法律、法规、规章规定的全部行政处罚权”。

理由及依据：

① 第五条 城市管理综合行政执法机关依照法律、法规、规章规定行使下列行政处罚权：（一）行使市容环境卫生管理方面法律、法规、规章规定的由市容环境卫生行政主管部门行使的全部行政处罚权；（二）行使由市政设施维护行政主管部门行使的全部行政处罚权；（三）行使城市广场管理方面法律、法规、规章规定的全部行政处罚权；（四）行使园林绿化管理方面法律、法规、规章规定的全部行政处罚权；（五）行使城乡规划管理方面法律、法规、规章规定的全部行政处罚权；（六）行使城乡建设管理方面法律、法规、规章规定的全部行政处罚权；（七）行使住房保障和房产管理方面法律、法规、规章规定的全部行政处罚权；（八）行使市场监督管理方面法律、法规、规章规定的对合法经营场所外无营业执照的经营行为的行政处罚权；（九）行使公安交通管理方面法律、法规、规章规定的对非机动车违法占用人行道行为的行政处罚权。

1. 上位法遵循依“管理职责”作出集中行政处罚权配置。

《XX 市人民政府关于调整城市管理综合行政执法机关行政处罚权范围的通知》（南府发〔2017〕24 号）根据机构改革调整后的行政处罚权权力配置在第 2 点明确为“行使市政设施维护管理方面法律、法规、规章规定的全部行政处罚权”，是依照国务院有关规定的上位法，遵循“管理职责”作出集中行政处罚权配置。

2. 《XX 市城市管理相对集中行政处罚实施办法》依“职权”作为行政处罚权权力配置不科学，易导致因行政机关间职能划转不明确、不到位受制于原职能部门，或者产生更高的执法成本，影响执法效率。

《XX 市城市管理相对集中行政处罚实施办法》第五条第（二）款更改为“由市政设施维护行政主管部门行使”的依“职权”作为行政处罚权权力配置的依据，与上位法和 XX 市政府颁布的其他规章、规范性文件采用的权力配置立法技术不同。同时，由于市政设施维护涉及城市道路、农贸集市、桥梁隧道的各类管线、交通护栏、井盖和渠箱盖、排水等多个区域和多种设施维护类型，需要由公安机关交通管理、生态环境、市场监督管理、住房和城乡建设规划等管理部门，依照各自职能协同市政设施维护行政管理部门配合实施。综上所述仅以市政设施维护行政主管部门单一主体的职权作为行政处罚权权力配置依据并不科学，其并未解决相对集中行政处罚权与其他行政职权相协调的问题，易导致因行政机关间职能划转不明确、不到位受制于原职能部门，或者产生更高的执法成本，影响执法效率。

3. 立法体系结构不能与其他款项形成符合逻辑关系的上下呼应。

从立法体系结构来说，第五条第（一）、第（三）—（九）款中依照国务院有关规定的上位法，遵循依管理职责作出行政处罚权配置。第（二）款不能与其他款项形成符合逻辑关系的上下呼应，显得突兀。

结论：

建议修改《XX 市城市管理相对集中行政处罚实施办法》等规范性文

件规定所依据的“相对集中行政处罚权”原则，提出相应的修订意见，以解决“执法人员过多、职责重叠、处罚重复”问题，提升执法工作的效能与水准。

社会文化职能类建议稿

实践案例三

《无障碍环境建设法（草案）》修改意见建议

（2022年5月16日）

一、基本立法建议：建议扩大第一条①“立法目的”的内容，围绕立法目的增加相关规范条款。

具体建议1

将“建设”改为“创造”，增加“营造无障碍文化和价值观”“主动”。即，可将第一条修改为“为了创造无障碍环境，营造无障碍文化和价值观，促进社会成员独立、平等、充分、主动地参与和融入社会生活，共享经济社会发展成果，根据宪法，制定本法”。

具体建议2

通过政策性条款，增加为个人的社会融合、消除社会融合心理障碍提供帮助的相关的规范条款，且要根据障碍者身心特征提供不同的无障碍服务。

理由：要实现第一条“促进社会成员独立、平等、充分、主动地参与和融入社会生活”的目的，特别激活残、老、病、孕等无障碍刚性需求成员平等、无歧视地真正融入社会生活，需要将立法目标从无障碍客观环境建设向内心环境建设延伸，应在立法目的和具体规范设

① 为了建设无障碍环境，保障全体社会成员独立、平等、充分地参与和融入社会生活，共享经济社会发展成果，根据宪法，制定本法。

定上对无障碍软环境建设给予明确的支持，保障无障碍法律的客观规范和主观能动性的结合。

明确通过政策性条款倡导居住小区可差异化、个性化建设无障碍环境，以呼应第五条①规定的保障社会成员获取“满足其无障碍需求”，协调不同社会成员日益增长的物质、精神生活需求与不平衡、不充分的经济社会发展之间矛盾关系的国家责任。

二、基本立法建议：建议在第八条②中明确主管全国无障碍环境建设工作的部门，将财政部门作为无障碍环境建设的职责部门之一。

具体建议3

增加“县级以上人民政府住房和城乡建设部门主管全国无障碍环境建设工作”。

理由：全国人大常委会法工委立法技术规范明确：涉及多个职能部门（机构），需要明确主管部门（机构）及其职责，但不必明确其他部门（机构）及其具体职责的，表述为：XX部门（机构）主管（负责）全国XX工作，其他有关部门（机构）负责XX工作。

《中华人民共和国残疾人保障法》第五十二条规定：“各级人民政府应当对无障碍环境建设进行统筹规划，综合协调，加强监督管理。”该条明确了政府对无障碍环境建设具有统筹规划、综合协调、加强监督管理的职责。因此，在本草案中应该明确对无障碍环境建设进行统筹规划、综合协调、加强监督管理的主管部门。但第七条仅规定了协调机制承担的部门，没有涉及统筹规划监督管理的主管部门，建议不仅仅对协调部门的确定，应综合考虑“统筹规划，监督管理”职责后，明确主管部门。

---

① 国家保障社会成员依法使用或者获取满足其无障碍需求的设施、信息交流和社会服务的权利。

② 县级以上人民政府住房和城乡建设、交通运输、工业和信息化、市场监管、卫生健康、民政、农业农村、文化和旅游、教育、科技、公安、司法、广播电视、新闻出版、体育、金融等主管部门依照本法，在各自职责范围内开展无障碍环境建设相关工作。

具体建议 4

第八条中的“财政”部门，可修改为“……金融、财政等主管部门……”。

理由：本草案有多条规范规定了财政部门的职责，如第六条①规定“财政预算”职责，第十二条②、第二十一条③规定“财政补贴”职责。财政与金融主管部门虽然均属宏观调控主体部门，但是财政调控与宏观调控职能明显不同，财政调控职能包括制定政府有关财税政策措施，财政部门作为具体财税政策的执行部门。

三、基本立法建议：建议在第十条④中完善修改，使体例结构具有逻辑性、融贯性。

具体建议 5

将第十条“法规、规章、规划、政策、标准”修改为“法规、规章、政策、规划、标准”，也就是将“政策”与“规划”的顺序调换。

理由：法规、规章、政策，属于属性相似的法律规则性规范文本，而规划、标准属于技术性规范文本。并且，第 16 条、第 29 条也是把标准和规划放在同一条内容中，可见二者在逻辑联系上更为紧密。

具体建议 6

将第十一条⑤和第十二条⑥条文先后顺序进行调换。

---

① 县级以上人民政府应当将无障碍环境建设纳入国民经济和社会发展规划，制订实施专项规划和计划，并建立稳定的经费保障机制，将无障碍环境建设经费纳入财政预算。

② 国家通过税费减免、财政补贴、经费支持等方式，鼓励无障碍技术、产品和服务的研发、生产、应用和推广。各级人民政府应当优先采购符合无障碍标准的产品和服务。

③ 县级以上地方各级人民政府应当逐步推进既有设施的改造，制订无障碍设施改造计划并确定达标期限，通过税费减免、财政补贴、经费支持等方式，优先对不符合无障碍设施工程建设强制性标准的居住建筑、居住区、公共建筑、公共场所、交通运输设施、城乡道路进行无障碍改造。

④ 县级以上人民政府及其有关部门在制定涉及无障碍环境建设的法规、规章、规划、政策、标准时，应当征求残疾人联合会、依法设立的老年人组织等组织的意见。

⑤ 国家推广通用设计理念，建立健全无障碍设施、信息交流和社会服务等标准体系，建立无障碍设计、设施、产品和服务等认证制度。

⑥ 国家通过税费减免、财政补贴、经费支持等方式，鼓励无障碍技术、产品和服务的研发、生产、应用和推广。各级人民政府应当优先采购符合无障碍标准的产品和服务。

理由：在体例结构上，建议按照第十条的逻辑排列顺序，将第十一条和第十二条先后顺序进行调换。第十二条主要是鼓励投入的政策，第十一条主要是关于标准的认证问题，建议将政策问题放置于标准认证问题前面，使第十条、第十一条、第十二条具有立法上的逻辑性、融贯性。

四、基本立法建议：建议增加文化等部门的无障碍环境服务软环境建设职责。

具体建议7

结合第十三条①关于宣传引导的规定，在第四十九条②中除了对文化物质的帮助外，增加关于加强精神文化无障碍环境服务建设软环境宣传职责。

理由：

从规范体系来看，第十三条宣传引导规范属于义务性规范，明确了国家负有“开展无障碍理念的宣传教育、提升全社会无障碍意识”的义务，而文化宣传主管部门的“无障碍环境建设职责”在第三十四条③、第三十六条、第三十七条、第四十九条中均在规定上更注重物质服务层面，并未涉及精神层面的无障碍环境服务软环境建设。软环境建设能真正形成包容的社会共识，实现反歧视，促进平等权，从而真正实现社会自觉的资源供给、分配上的无障碍。符合本法第一条“平等地参与和融入社会生活”，将无障碍环境法治建设与个人的无障碍心理健康相连接，更能打破无障碍设施、服务需求弱势群体主观层面被社会歧视而自卑怯懦的内心藩篱，实现参与、消费经济生活上的

---

① 国家开展无障碍理念的宣传教育，提升全社会无障碍意识，鼓励和支持社会力量为无障碍环境建设提供捐助和志愿服务。每年9月17日为无障碍宣传日。

② 文化、旅游、体育、金融、电信、商业、餐饮、住宿等服务场所应当结合所提供的服务内容，为有无障碍需求的社会成员提供相关辅助器具、咨询引导等无障碍服务。邮政、快递企业应当为行动不便的老年人、重度残疾人提供上门收寄服务。

③ 设区的市级以上人民政府设立的电视台应当在播出电视节目时配备同步字幕，每天播放至少一次配播手语的新闻节目，并逐步扩大配播手语的节目范围。公开出版发行的影视类录像作品应当具备可供选择的无障碍功能。

主观能动性。

五、基本立法建议：提供有效的司法救济依据，特别是小区无障碍建设与改造管理权的实现与救济。

具体建议8

通过确认性规范条款增加对个人无障碍环境诉求相关的诉讼司法救济权利规定。

理由：可以通过增加确认性规范条款为无障碍需求成员因无障碍环境受阻时寻求诉讼等司法救济、恢复有效畅通提供司法依据，使公民个人通过本《无障碍环境建设法》参与、融入社会发展的获得权利与义务上的依据。无障碍需求成员参与社会工作、生活是一项基本权利，当这种权利受到第三方侵害时，有权提起诉讼寻求司法救济。

具体建议9

增加小区无障碍建设与改造管理权的实现与救济。

理由：

无障碍社区服务和无障碍环境建设属于同一层面，第十六条、第二十一条、第二十二条，第二十三条，第二十四条、第二十七条、第二十八条都有对居住区无障碍环境建设的义务性条款，而居住区是除残疾人、老年人使用或获取满足无障碍需求设施最直接、最集中的地方。结合2018年修订的《物业管理条例》的规定，明确了小区内部无障碍设施属于小区业主共有的公共部分，业主与物业间仅靠合同约定无障碍设施进行维护，强制力约束明显不足，需要立法在法律责任上设置明确的规制性条款对小区内无障碍设施的保护，调动小区业主深入参与小区无障碍建设的主动性与积极性，厘清小区的管理责任主体，切实保护和完善小区个性化需求无障碍环境建设。

六、基本立法建议：加强政府主导机制建设无障碍环境，充分发挥街道办与基层自治组织能动作用。

具体建议10

在第五十七条[①]中增加一款关于加强政府主导机制建设的规定。

具体建议11

通过义务性规范增加关于街道办事处、乡镇人民政府负责本辖区内无障碍环境建设的规定。

具体建议12

通过倡导性规范增加关于充分发挥基层自治组织无障碍环境建设的能动作用。

理由：结合《中华人民共和国残疾人保障法》第五十二条[②]，各级人民政府应当对无障碍环境建设进行“统筹规划，综合协调，加强监督管理”的规定，以及本草案建议稿中第五十七条[③]、第五十八条[④]、第五十九条[⑤]条规定之国家无障碍建设目标实现的考核监督统计、信息公示和评估，具体建议主要是细化、明确监管职能，厘清政府职责与基层自治组织、居民和小区业主间的权力与权利关系。

---

① 国家实施无障碍环境建设目标责任制和考核评价制度。县级以上地方各级人民政府根据本地区实际，制定具体考核办法，将无障碍环境建设目标完成情况纳入对下级人民政府及有关部门考核评价的内容。设区的市级以上地方人民政府相关部门建立关于无障碍强制性标准实施情况的年度统计分析报告制度。

② 应急避难、集中隔离医学观察等场所的维护管理单位在制定及实施工作预案时，应当考虑社会成员的无障碍需求，视情况设置语音、字幕等信息提示装置，完善无障碍服务功能。

③ 国家实施无障碍环境建设目标责任制和考核评价制度。县级以上地方各级人民政府根据本地区实际，制定具体考核办法，将无障碍环境建设目标完成情况纳入对下级人民政府及有关部门考核评价的内容。设区的市级以上地方人民政府相关部门建立关于无障碍强制性标准实施情况的年度统计分析报告制度。

④ 县级以上人民政府应当建立无障碍环境建设信息公示制度，定期发布无障碍环境建设情况。

⑤ 县级以上地方各级人民政府有关主管部门可以聘请第三方机构对无障碍环境建设情况进行评估。

实践案例四

《XX 市历史文化街区和历史建筑保护条例（修改草案征求意见稿）》立法专家论证意见

《XX 市历史文化街区和历史建筑保护条例》的论证意见

（2021 年 9 月 13 日）

一、第九条、第十条关于历史文化街区申报条件和程序的规定是否科学、合理、可行

（一）关于第九条[①]建议

第一，历史文化街区申报条件四个条件中，第（二）限缩上位法，欠缺对“传统格局”条件规范表述，建议在第九条第一款第（二）中修改为“历史建筑集中成片，传统格局基本完整”，体现历史文化街区“用语含义”所体现的传统格局这一特征条件。

第二，将第一款第（三）中的“习俗”改为“非物质文化遗产”。

“习俗”一词并非法律概念，具有口语化特点，内涵外延不易界定，改为“非物质文化遗产”能与第四章第三十四条第二款“历史文化街区应当依法设置非物质文化遗产展示区”相协调衔接，内涵更明晰，也更能体现上文中非物质文化遗产保护工作的意见。

① 第九条 历史文化街区申报条件中具备下列条件的区域，可以申报历史文化街区：（一）保存文物特别丰富；（二）历史建筑集中成片；（三）能够较完整和真实地体现本市传统历史文化特点、特定历史时期地域文化风貌或者少数民族文化特征与习俗；（四）具有一定规模；（五）法律法规规定的其他条件。市、县（市）住房和城乡建设部门应当定期组织开展历史文化街区普查，发现符合上述条件的区域，及时按照规定申报；任何单位和个人认为有符合上述条件的区域，可以向市、县（市）住房和城乡建设部门推荐或者提供有关线索。

（二）关于第十条[①]建议

第一，第一款将组织专家“评审”改为“论证”。评审，指评议和审查、审议。一般是指比赛的时候需要评审来决定选手的比赛结果。使用“评审”有专家对街区是否纳入历史文化街区名单具有决定结果的意思，与《历史文化名城名镇名村保护条例（2017 修订）》第九条、第十一条规范表述立法意图不一致。专家对纳入历史文化街区名单进行“论证”和“提出审查意见”仅具有程序性而并不具有实体的决定性，名单最终审查决定权为政府，由政府批准公布。

第二，第二款“报县（市）人民政府审定后报市人民政府审定”出现了两级政府均具有“审定”权，“审定”有“审查确定、决定”之意，两级政府均对历史文化街区名单具有确定、决定权，且重复行使，不符合逻辑。该款表述将县（市）住房和城乡建设这一职能部门作为提出申请主体，有所不妥，也与《历史文化名城名镇名村保护条例（2017 修订）》第九条申请主体不一致。在“政府职能部门是名单的申报建议主体，政府是申请主体”的立法规范主体逻辑指引下，建议改为“由县（市）住房和城乡建设部门将历史文化街区建议名单报县（市）人民政府，由所在地县（市）级人民政府提出申请，报市人民政府审定后批准公布”。

二、第十一条、第十二条关于历史建筑申报条件和确定程序的规定是否科学、合理、可行？删除原条例关于“历史街区内建成 30 年以上”的规定，是否合理？

---

① 第十条历史文化街区申报程序中，市、县（市）住房和城乡建设部门应当会同同级自然资源、文化广电和旅游等部门提出历史文化街区建议名单，征求社会公众对建议名单的意见，并组织专家评审。属县（市）人民政府管辖范围的街区，由县（市）住房和城乡建设部门将历史文化街区建议名单报县（市）人民政府审定后报市人民政府审定；属城区人民政府管辖范围的街区，由市住房和城乡建设部门报市人民政府审定。历史文化街区建议名单经市人民政府审定后，由市人民政府按照法定程序报自治区人民政府核定公布。符合历史文化街区申报条件的街区，县（市）住房城乡建设部门不申报的，市住房和城乡建设部门可以建议县（市）住房和城乡建设部门申报；仍不申报的，由市住房和城乡建设部门直接向市人民政府申报。

（一）第十二条[①]第一款已明确向“建筑物、构筑物所有权人征求意见”的程序，第三款中仅为再次重申“听取所有权人的意见”这一程序，且没有明确听证会笔录等材料是否具有排他效力，显得立法条文规范结构不完整，不利于指导执法实践操作。

【建议完善方法】

行政法规《历史文化名城名镇名村保护条例（2017修订）》第十六条对保护规划报送前将哪些具体保护对象列入保护规划审判也有听证的有关程序规范，可以参考作为立法意图为“听证会笔录等材料并不具有排他效力，不具有决定性”的规范制定。

（二）删除原条例关于“历史街区内建成30年以上”的规定，是否合理？

合理，具有妥当性，与上位法相协调，符合立法的价值目的，也符合比例原则。

“历史街区内建成30年以上”的规定，不利于保护“当代重要的建设成果”的落实，更对“改革开放40年的光辉历程”时间进行了限缩，不利于《无障碍环境建设法（草案）》中明确的“应保尽保”这一指导意见的贯彻。

删除规制设计时“与时间有关的立法事实”这一判断条件，从体系上来说更加协调。对历史建筑的确定标准在执法手段上能够扩大普查范围的广度，做到应保尽保。更有利于动态保护“城市建设和文化传承”，维护社会公益之立法价值目的，更能体现历史进程的生动实践和建设成就历史维度上的完整性与延续继承性。

---

① 市、县（市）住房和城乡建设部门提出历史建筑建议名单向同级自然资源、文化广电和旅游等部门，以及建筑物、构筑物所有权人、利害关系人和社会公众征求意见，并组织有关部门和专家进行评审后，报市、县（市）人民政府确定公布。

三、第十四条①关于具有保护价值但尚未确定为历史建筑的预先保护措施规定是否合理、可行

具有一定的合理性，但要注意立法措施、手段的限度。需要根据保护的街区建筑具体权属和分级分类分析后作出预先保护措施的有区别的规定。

本条例第二十四条②关于历史建筑保护责任人所规定的使用人、所有权人为公民个人作为保护责任人时涉及其财产权基本权利的限制问题，很多历史街区房子、历史建筑所有人为公民个人所有，要严格遵守立法法第八条第七项的立法保留规定，注意限制的强度，区分保护与对非国有财产的征收征用，一旦保护超过必要的限度，则只有法律才能作出限制。本条款中使用了“应当”一词，属于对所有权人的义务性规范，涉及的限制手段比较多。而在未确定为历史建筑的建筑物，构筑之前要求所有权人、使用人或管理人对该建筑物、构筑物采取预先保护措施。结合第三章保护措施的规定，特别是第十七条、第十八条、第二十五条保护责任人职责的规定，没有损害房产的实际使用价值以及所有权、使用权的核心权能，允许转让出租、出借获得收益。预先保护措施的限制强度，在合理的范围内。但由于该条款容易涉及公民基本权利的限制问题，也容易造成在执法过程中滥用，从而造成公民权利的减损，增加公民的义务。

① 具有保护价值但尚未确定为历史建筑的建筑物、构筑物，市、县（市）住房和城乡建设部门发现或者接到报告后，应当及时到现场进行查勘；经初步认定符合本条例规定的历史建筑申报条件的，应当通知所有权人、使用人或者管理人对该建筑物、构筑物采取预先保护措施，并告知乡（镇）人民政府、街道办事处加强日常巡查和保护，并按照规定程序申报确定为历史建筑；经核实确定不符合历史建筑条件的，应当自确定之日起两日内取消预先保护措施。

② 历史建筑的保护和修缮由保护责任人负责。历史建筑保护责任人按照下列规定确定：（一）国有历史建筑的使用人为责任人；（二）非国有历史建筑的所有权人为责任人；（三）无所有权人或者所有权人不明的，使用人为责任人；无使用人的，由市、县（市）人民政府指定保护责任人。市、县（市）住房和城乡建设部门应当与历史建筑保护责任人签订历史建筑保护责任书，明确具体保护要求和相关权利义务；保护责任人变更的，由保护责任人提出申请，市、县（市）住房和城乡建设部门应当在三十日内与承继人另行签订保护责任书。

【建议处理方法】

方法一：将针对公民的义务性条款属于瑕疵指令的规范性条款，其补救方法可以将该刚性的义务性条款改为以柔性执法管理的政府的公告登记义务性条款，对公民限制权利增加义务的不同强度分情况处理，以提醒与补偿相结合。

方法二：明确街区、建筑保护的价值核心要素，针对要素明确保护措施的手段方法；明确对预先保护措施的手段进行具体细化为限制强度较轻的措施。

四、第二十四条、第二十五条①关于历史建筑保护责任人及其职责的规定，是否合法、合理、可行

第二十四条“（三）无使用人的，由市、县（市）人民政府指定保护责任人”的规定与《中华人民共和国宪法》第十三条第一款、第二款财产权保护内涵相一致，《中华人民共和国民法典》第二编物权中的第五章、第三分编用益物权中的第十三章使用权、第十四章居住权等相关规定无原则上的抵触，能体现《历史文化名城名镇名村保护条例（2017修订）》第三十三条规定的执行与细化，由使用人、所有人优先作为责任人，有利于保护的便宜性，具有可行性。

当历史文化街区和历史建筑发挥其文化功能时，具有一定的社会关联性，对于历史文化街区和历史建筑的使用人、所有人这一特定人群具有一定的干扰和波及，虽然历史文化街区和历史建筑并没有转移所有权，但对该街区与建筑财产权利人造成一定的权利减损。增加了第三章所涉及的保护义务。该条例在规则设定时需要在维护公益与维护私益之间寻求平衡，避免超过限度而实际具有准征收的效果，否则根据宪法第十条须给予补偿。第二十五条关于历史建筑保护规定条

① 历史建筑保护责任人应当履行下列职责：(一)对历史建筑进行日常管理、维护修缮以及安全防护；(二)保证历史建筑的完整，保持历史建筑原建筑立面、结构体系、色彩色调、基本平面布局和有特色的内部装饰等；(三)转让、出租、出借历史建筑时，告知受让人、承租人、使用人对历史建筑的保护责任；(四)法律、法规以及保护规划规定的其他职责。

款，对保护责任人职责义务性条款保持在合理的限度范围内，理由是：首先，根据第（一）项历史文化街区与历史建筑的使用人和所有人仍然能够正常利用建筑空间等的使用权进行居住、生活或在内进行活动，日常管理、维护修缮以及安全防护也未超出一般建筑管理人的管理范围，属于一般所有权、使用权人均会对财产权存续保障所做的行为。其次，第（三）项建筑所有者、使用者仍然能够转让、出租、出借并获得收益权能，该条款所设定的“告知”义务产生的负担较轻。结合具体的条文，再发挥各类措施手段在限度范围内。所以，第二十五条建筑保护责任人及其职责的规定，具有合理性。

五、关于第四章历史文化街区和历史建筑保护管理的规定，是否科学、合理、可行

第四章第三十二条、第三十三条、第三十四条、第三十五条涉及文化街区和历史建筑的合理利用、历史文化元素收集与整理、经营、业态布局要求等。删除原条例关于“历史街区内建成30年以上”的规定后，历史街区和历史建筑涉及红色文化历史、改革事件的标志性建筑也会更多地囊括其中。红色文化传承创新的法治化以科学、有效的立法调整为前提，属于《中华人民共和国立法法》第七十二条地方立法权限中设区的市立法权限中“历史文化保护”的重要事权项目。对红色文化进行立法保障是对其进行继承和传播的一种行之有效的方式。XX市作为省级政府所在的市，还没有出台专门针对红色历史文化遗产保护的地方立法。因此，红色文化资源开发中出现诸如以经济指标为导向的破坏性开发、在影视网络娱乐中对其进行恶意炒作等现象，从而造成了其正面效应和教育作用的严重削弱。

【建议处理方法】

第一，在本条例中增加有关红色文化建筑保护的法条。第二，单独对红色文化建筑遗址保护制定地方性法规、规章。

六、对条例草案征求意见稿的其他意见建议

1. 增加“协调发展”的原则

从法条的体系考察，在第三章、第四章共有将近10条均体现了对居住居民公益与私益平衡保护、经济与文化和真实居住相协调的理念，特别是第二十四条、第三十一条、第三十四条、第三十五条。XX市获得联合国认定的宜居城市，而只有能够吸引人居住才能够发挥城市的功能。《历史文化名城名镇名村保护条例（2017修订）》第三条规定要维护历史文化遗产的真实性，在第三章保护措施和第四章管理利用中，也涉及一些在历史文化街区、建筑中，拥有所有权、使用权的实际居住、生活的居民为立法目的而受到改建、扩建等基本权利限制所作出的特别牺牲，如第十九条、第二十一条、第二十三条、第二十四条、第二十五条、第二十六条、第三十一条、第三十四条、第三十五条等。坚持以协调发展、以人为本的保护立法理念，从居民的真实生活需求出发，开展保护工作，将居民的需求同历史文化名城保护相结合，才能够多方合力，更好地推动保护工作。通过多年来对很多历史文化名城考察调研发现，一些保护区域越来越小，实际就是保护实践和城市功能的发展不匹配造成的，最终形成了仅保留部分保护区域供游客游览的不良的保护局面。

2. 关于第二十六条的建议

第二十六条第三款①“市、县（市）人民政府可以从专项资金中对历史建筑的维护和修缮给予补助”中的“可以”一词应改为“应当”。

参考其他城市如江门、湘潭、佛山等对于补助均采用“应当”一词。

根据宪法第十条第三款、第十三条第三款需要给予补偿。“历史建筑的保护责任人应当按照保护规划要求维护和修缮历史建筑”是指属于历史建筑的使用人、所有人不能根据物权规定按自己的意愿自由

① 市、县(市)人民政府可以从专项资金中对历史建筑的维护和修缮给予补助,具体补助办法由市、县(市)人民政府另行制定。

行使使用权，所有人、使用人对于财产的利用要按保护规划的要求并使自己获得更舒适的居住感等，其具有管制性征收特点，对该街区与建筑财产权利人造成权利减损。由于该条第一款[1]使用“应当”这一强制性义务规范用词，必须要根据相关法律法规的规定执行修缮标准，所有权人和使用权人负担较强的社会义务，对权利限制的程度较强。第三款也应相应地使用强度相当的“应当”一词作为修缮补偿的受益性条款，应当给予一定的修缮补偿。

当然，第三款作为授权立法条款，市、县（市）人民政府行使时，可以结合保护范围内建筑物、构筑物和环境要素的分类保护整治要求，制定和细化相应的分级补偿标准，同时辅之以完善的修缮程序。

实践案例五

《XX市人民防空管理办法》立法修订建议
（2020年11月30日）

一、建议增加不按规定及时上缴、合法使用“人民防空费”“易地建设费”，以及违反监管规定和挤占、截留和挪用该二项费用的处罚条款

立法建议：

在第二十八条前增加一条针对违反《中华人民共和国自治区人民政府防空办法》第五条的规定未缴纳“人民防空费”和《XX市人民防空管理办法》第二十五条第二款、第三款[2]“易地建设费”的处罚条款：“违反第二十五条第二款、第三款规定，未按国家、自治区有

[1] 历史建筑的保护责任人应当按照保护规划要求维护和修缮历史建筑，并承担维护修缮费用。

[2] 防空地下室易地建设费应当全额上缴财政，专项用于易地建设人民防空工程及其维护管理，并接受财政、审计、物价等部门的监督检查，任何单位和个人不得挤占、截留和挪用。

关规定上缴、使用人民防空费、人民防空地下室易地建设费的，由工程建设所在地人民防空主管部门予以警告，责令限期上缴，合法使用，可以对个人并处1000元以上5000元以下的罚款，对单位并处1万元以上5万元以下的罚款；人民防空主管部门和其他有关行政主管部门的工作人员有违反监管规定和挤占、截留和挪用人民防空费、易地建设费行为的，由其主管机关或者监察机关对主要负责人、直接负责的主管人员和其他直接责任人员依法给予行政处分；构成犯罪的，依法追究刑事责任。”

理由及依据：

1. 根据《中华人民共和国人民防空法》第五条、第十九条和《××市人民防空管理办法》第二十五条第二款、第三款的规定，将人民防空费、人民防空地下室易地建设费设定为建设个人、单位的法定强制义务，应专款专用。人防部门征缴该费用，并非依申请，而是依职权履行征缴义务的监督检查职责，负有对建设个人、单位强制征收并防止挤占、截留和挪用，防止国有资产流失的职责。

2. 不按规定上缴、使用人民防空费、易地建设费，容易引发检察机关提起防止国有资产流失的公益诉讼和审计，应对缴纳单位和行政机关设定罚则。而自治区防空办法和《××市人民防空管理办法》均没有针对及时缴纳、合法使用费用行为相应的处罚措施，不能防止费用缴纳义务人违反缴纳义务，并使其依法受到规制。

3. 人防指挥工程、人防工作运行和人员经费保障存在的实践现状是资金紧缺，未能实际纳入预算。人民防空费和易地建设费资金的及时依法缴纳，是人防建设依法规定的工作有效运行的经费保障。

二、增加一款明晰产权的规定

立法建议：

建议在第四条①或者第三十一条第三款后增加一款，以“谁投资，

① 人民防空工作应当遵循战时防空、平时服务、应急支援的原则。

谁所有，谁使用，谁管理”为原则，平时投资由投资者使用，管理收益归投资者，战时由县级以上政府统一调配使用。

理由及依据：

1. 提高人防工程建设与服务经济社会二者的融合能力。根据《XX 市人民防空管理办法》第四条人民防空工作应遵循“平时服务”原则。第三十一条第三款鼓励充分利用人民防空工程为群众生产生活服务，提高人防对商业繁荣的生态贡献率。要提高人防对商业繁荣的生态贡献率，朝阳广场的地下商业街是一个很好的范例，可参照此种做法在靠近商业繁荣的公益性广场修建地下商业街。

2. 明晰投资建设的产权和收益分配、责任等的设定，有利于提高投资建设者、所有权人和相关权利人的积极性，以及建成后管理和维护及战时移交责任的进一步设定等。

第二十三条第一款提出：“逐步推荐人防地下工程之间人防地下工程与轨道交通站点间贯通连接，逐步形成互通互联的城市地下空间防护综合体系，相邻地下工程，所有权人和相关权利人应当提供必要的条件。”然而，实际情况是，地下人防工程要综合考虑地质漏水、综合管廊等各方面因素，耗资巨大，互联互通的城市地下空间防护综合体系，所形成的地下交通空间线路长，存在衔接上所有权和收入分配不明的问题，难以调动所有权人和相关权利人的积极性，不利于以上立法目的和原则的实施。因此，有必要明晰投资建设的产权和收益分配、责任等的设定，有利于投资建设者所有权人和相关权利人的积极性，影响建成后管理和维护及战时移交责任的进一步设定等。

三、建议增加参与政府应急救援组织体制运行机制相关规定

根据《XX 市人民防空管理办法》第四条人民防空工作应遵循“战时防空、平时服务、应急支援”原则，但未能具体规定参与政府应急救援组织体制运行机制相关规定，建议增加参与政府应急救援组织体制运行机制相关规定。

经济职能类建议稿

实践案例六

《XX市烟花爆竹经营燃放管理规定》立法修订建议

一、关于第七条的修改意见

立法建议：

第七条第一款①建议修改为：任何组织和个人在禁止燃放烟花爆竹区内不得经营烟花爆竹。

依据及理由：

增加了主语和连词“任何组织和个人在”，理由：本条款属于对公民和组织具有行为限制的强制性、禁止性规范。根据全国人大常委会法工委有关立法技术规范，“不得”“禁止”都用于禁止性规范的情形。“不得”一般用于有主语或者有明确的被规范对象的句子中，“禁止”一般用于无主语的祈使句中。

二、关于第十一条的修改意见

第十一条第二款②建议修改为：限制燃放烟花爆竹区内，在下列时间准许燃放烟花爆竹，其他时间禁止燃放。“不得”改为“禁止”。

依据及理由同上。

三、关于第十五条的修改意见

立法建议：

建议将第十五条第二款③“十四周岁以下的未成年人燃放烟花爆竹的，应当有成年人陪同看护”修改为“未成年人的监护人应当运用多种教育手段、结合产品说明书，对未成年人进行正确安全燃放烟花

---

① 禁止燃放烟花爆竹区内不得经营烟花爆竹。

② 限制燃放烟花爆竹区内，在下列时间准许燃放烟花爆竹，其他时间不得燃放。

③ 十四周岁以下的未成年人燃放烟花爆竹的，应当有成年人陪同看护。

爆竹的方式教育”。

依据及理由：

该条款是以未成年人烟花燃放安全保护为目的制定的限制性条款，符合本法第一款保障“人身安全”的立法目的，具有目的的正当性。但是由于上位法国务院制定的行政法规《烟花爆竹安全管理条例》第二十九条第三款已经明确“未成年人的监护人应当对未成年人进行安全燃放烟花爆竹的教育”；限制的义务对象主要针对“对未成年的监护人”，限制的义务负担主要为“教育”。而《XX市烟花爆竹经营燃放管理规定》将限制的对象拓展至监护人以外的“成年人”，限制的义务负担为“陪同看护”。而“教育”在解释上主要为“教导启发，使明白道理”，“陪同看护”并不在“教育”一词行为内涵和外延解释的射程范围内，属于额外增加上位法规制，违反了“禁止抵触”上位法原则。建议在上位法规定的范围内进行细化规定，如对教育行为类型的细化，产品说明书、正确安全燃放方式等教育细化。

四、关于第十六条的修改意见

立法建议：

建议删除第十六条第一款“禁止携带烟花爆竹搭乘公共交通工具”。

依据及理由：

与《烟花爆竹安全管理条例》第二十七条内容相同，属于重复立法，建议删除。

三、地方立法完善阶段的公众参与

地方立法完善阶段的公众参与主要是通过备案、评估等方式，针对地方性法规和地方政府规章的内容和实施情况进行审查和清理，并就发现的问题提出改进建议，以确保立法完善阶段的地方立法的适用性符合本区域社会经济发展状况。

在地方立法中，备案审查、清理是一项十分重要的工作

（一）随着全面依法治国的不断深入，我国的立法工作已经步入了快车道，各个地方、各个部门的立法数量也在迅速增加，而在立法体制内部，存在着一些不协调、不统一、不衔接、不一致等问题。因此，备案审查和法规、规章清理变得越来越重要。各地人大都在积极探索工作方法，对备案审查和法规、规章清理的制度建设、能力建设进行了切实的强化，对违反宪法的规范性文件进行了依法撤销和纠正，从而有效地保障了宪法法律的实施，并维护了国家法治的权威。有些城市①的人大常委会，在近几年把提高区、县人民代表大会的备案审查工作作为重点，开展专业培训，推动建立常委会听取审议工作汇报制度，建立完善的个案指导与交流制度，要求区县（自治县）的人民代表大会常务委员会完成对备案审查工作的听取、审议，实现了区县层面的“全面激活”，促进了人民代表大会的工作能力与水平的全面提高。

目前，在全国范围内，地方法律规范的清理过程并不完全一样，但也有一些相似之处。具体的工作程序可以分为四个阶段：①开始清理阶段。即对法规、规章进行全面调查和评估，对现有的法规、规章进行分类。②查找整理阶段。即根据法规、规章的具体内容，对其进行分类。③总结分析阶段。即对分类后的法规、规章进行比较、分析和研究。④审议处理阶段。即根据实际情况，提出最终的清理方案。

一般的地方性法规、规章清理的条件和理由如下：

首先，上位法或者同位法出台，地方性法规与之抵触或者被覆盖，已经不适用，但未及时予以废止。这是因为，由于上位法或同位法出台后，地方性法规、规章的内容会被改变或补充，与之抵触的地方性法规会被废止。

其次，由于上位法或同位法的出台，地方性法规、规章已经不适用于

① 地方立法的新探索新趋势，中国人大网，http://www.npc.gov.cn/npc/kgfb/202112/eb8dd3a4c658437ba118261ce024a662.shtml.

当前形势下的发展，因此应当及时进行清理。

再次，由于上位法或同位法已经出台，地方性法规、规章的内容已经被覆盖或改变，因此应当及时进行清理。此外，随着社会的不断发展，我们的社会现实也发生了巨大的变化，法规、规章也出现了明显的不适应，但是由于相关的政策没有及时进行修改和废止，因此法规、规章仍处于一种效力持续的状态，应及时废止以适应社会需求。

最后，为了维护法治统一，清理的条件是在上位法或者同位法出台后予以及时性废止。从人大、政府和公众各方参与主体在清理阶段发挥主体功能表现的角度来看，地方立法权力机关清理工作的及时性还须进一步提高，尤其是在当前信息技术快速发展的背景下，应更加重视信息的及时收集和更新，加强信息质量控制，并采取有效措施，以确保清理工作的及时性。针对不同的情况，如新颁布上位法，应及时采取行动和有效措施，对已有法规、规章进行清理，以确保其能够发挥有效的作用。在法规、规章的清理工作中，人大和政府都起到了主导作用，他们不仅要制定清理的标准和范围，还根据实际情况提出相应的意见，对清理工作提出切实可行的建议。同时，还需要建立完善的管理机制，及时发现和解决存在的问题。针对不同情况，人大和政府也要制订出不同的清理方案，并对这些方案进行详细审查，以确保清理工作的正确性和有效性。为了改变以往的被动清理状态，一些市[①]人大常委会构建了地方性法规动态清理的长效机制，先后对生态环保、食品药品、野生动物保护、行政处罚、营商环境等进行了专项清理和全面清理，清理出了需要修改或废止的市级法规、自治条例和单行条例，其余的也已开始了相关修改工作。同时，还出台了《地方性法规动态清理办法》，以推动法规清理工作的制度化、正规化和常态化，使地方的法律、法规、规章与党中央的精神和国家的法律、行政法规的衔接更加紧密。

① 甘肃省公众参与制定地方性法规办法 http://www.qinzhouqu.gov.cn/Template/zwgkdetail?newsid=655020&siteid=4138.

（二）地方立法完善阶段一般还会进行立法后评估

立法后评估可以帮助立法者掌握立法活动的进展情况，从而更好地完成立法工作。通过对地方性法规、规章实施过程的效果进行评价，可以使法规、规章制定者对法规、规章实施过程有一个较为全面的了解，进而得以顺利实施。这一过程主要是通过对我国法规、规章的执行情况进行分析，对执行成效进行评估和对问题的解决等一系列过程来完成的。通过对这些步骤的评估，可以更加清晰地了解立法规范与立法实施活动及其相互间的适用情况和存在的缺陷与不足，从而更好地发现和解决这些问题，以满足公众的需求。在此基础上，进一步提高我国现行法规、规章制度的质量，促进现行法规、规章制度的进一步发展，更好地适应社会发展的需要。对于立法成果所确立的制度性规范进行评估，通过收集相关数据和资料，综合分析不同利益群体对于制度的认知程度、实施效果等，从而得出结论，并及时反馈给立法机关。它根据特定的法规、规章规定的执行情况、公众的认同感等，对由立法结果所建立的制度性规范进行评价、总结和反馈。

公众通过立法后评估路径参与地方立法完善，可以在以下几个方面发挥作用：首先，评估主体一般会通过前期评估所进行的调研活动，详细了解当地社会情况和立法需求，从多个方面对立法内容进行深入的分析和评估，以便更好地满足当地社会的立法需求。评估主体可以与当地政府、相关部门、专家和公众等进行沟通，公众能够就立法内容提出自己的看法和观点，并对其做出适当的调整，以确保立法内容能够符合当地社会及经济发展的实际需求。其次，在立法规范适用过程中，如果公众发现法规、规章存在没有依法进行或适用不符合实际情况导致无法履行的情况，比如缺乏明确的法律依据、没有规定相关部门的职责等；或者法规、规章存在未按规定执行或与现实不符而无法执行的情况，为了确保法规、规章的实施能够真正发挥作用，建议评估主体要及时对法规、规章的实施进行审查评价和提出修改建议，以便更好地改善法规、规章的实施效果，实现立法目的，以保证法规、规章的合法性与有效性。

在法规完善阶段，地方立法公众参与思考的方向和路径方面，思考方向可以是法规名称及条款合法性、合理性方面的问题，也可以是法规试行后出现的新情况、新问题、建议的解决方案，还可以是提出由制定机关修改、废止、解释或者由有关机关裁决、改变、撤销的意见以及具体的建议内容。

地方立法完善阶段的公众参与，针对法规名称及条款合法性、合理性方面的问题提出建议，特别是针对立法后评估形式进行的“相关的问题”，可重点关注涉及行政许可、行政处罚、行政强制、行政收费、法律依据、法律保留等方面的内容。具体如下：

1. 涉及行政许可的事项，包括对上级法律设置的行政许可实施的特定条款，是否增加了新的行政许可条件，或是增加了与上级法律相违背的其他限制；是否增加了行政许可规定审批的条件或减少行政许可审批的关键性条件审查，而允许通过审批、行政许可审查的执行情况，如使用容缺审批制度的申请资料收集执行情况等。设定行政许可是否遵循了经济和社会发展规律，是否符合经济和社会发展的规律，是否有利于发挥公民、法人或者其他组织的积极性、主动性，是否有利于维护社会的公共利益和社会的秩序，促进经济、社会和生态环境的和谐发展。地方立法有没有对公民、法人或者其他组织的资格、资质仅由国家统一确定的行政许可进行了规定，有无增设了对企业或者其他组织的设立登记以及它们的先决条件，从而仅允许本区域的人或者企业在该区域进行生产经营，或者仅为本区域的人或者企业提供服务，对其他区域的产品进入地方区域的市场进行限定。

2. 涉及行政处罚的事项，包括地方立法在设置行政处罚的时候，有没有对行政处罚的行为、种类和幅度的规定，以及在执行该行政处罚的时候，有没有违反法律的规定，是否依据行政处罚规定、严格遵守程序执行，是否有执法相关的行政处罚规范文书等，处罚前对违法行为的性质、事实、情节和社会危害性的判断依据及程序正当性；规范设定可否真正约束与克服政府和政府工作人员通过法律手段为组织和个人谋利行为。

3. 涉及行政强制的事项，所评估的地方立法规范是否包括行政强制规定，有没有规定除查封、扣押以外的其他类型的行政强制措施，对于那些可以通过非强迫的方式实现其目标的强制行为设定是否再次根据实践情况和社会背景进行必要性审查，强制手段是否超过必要限度，采取的行政强制措施是否仅针对负有义务的主体且足以修复被破坏的法律关系等。

4. 涉及行政收费的事项，包括是否有收费依据和收费标准，该收费依据和收费标准规定公示情况如何、收费标准设定与实施情况等。

5. 涉及法律依据的事项，根据法律依据的创制性和执行性规范设定特点要求进行审查。

6. 是否有违反立法法规定的法律保留规范设定等。

合法性方面的评估主要集中在以下几方面：一是是否存在对立法职责和权限的超越；二是是否与更高层次的法律法规相抵触；三是是否违背法定程序；四是在制定法规规章时是否缺乏正当基础，要注意在没有上位法律依据情况下不能使公民、法人和其他组织的正当权益受到损害，或者增加他们的责任。其中，特别需要注意的是，在地方政府规章方面，为了上位法律、行政法规、地方性法规的执行性规定，需要在制定规章的事项或者属于本行政区域的具体行政管理事项之外作出规定，在缺乏合法依据前提下设定了有关减损公民、法人和其他组织的合法权利或者增加其义务的规范的事项是不被允许而需要审查并指出来的问题，另外，因行政管理的迫切需要，依法先行制定的地方政府规章，其规范规定的行政措施执行时间逾期两年仍在实施的，在没有通过法律规定的延长批准或提请制定行政法规程序获得正当施行依据的，并不符合规章制定的时效性要求。

不具合理性方面主要包括：一是内容违背了合理、适度要求，不符合比例原则的内涵；二是设定的规范无法操作，条款彼此之间缺乏衔接性、一致性、可协调性；三是脱离实际，无法适用于本行政区域的实际情况，和现实需要不相符；四是与社会公平正义相违背；五是对于同一事项、相同问题，地方性法规、规章之间或同级法规、规章之间的规定不一致，甚至存在冲突；六是仅仅简单照搬、重复上位法的规定。

随着地方立法实施的深入，出现了一些新的情况和问题，这些新情况和问题包括但不限于：政府有关部门在政策的制定、执行过程中遇到困难，这些困难可能是由于政府有关部门在政策制定过程中受到其他方面的限制；有关部门在政策执行中未能按照规定落实到位，可能是因为他们缺乏足够的经验和技术；政府与公众之间的信息沟通不及时、不充分，可能是因为信息技术发展缓慢；政策执行过程中，公众对政策的认知不足，可能是由于他们缺乏正确的理解。因此，在立法完善阶段，我们需要及时针对以上不同原因，分析提出相应的解决方案，以保证地方立法实施的效果。除了上述两种情况外，还可以提出由制定机关修改、废止、解释或者由有关机关裁决、改变、撤销的意见，以及具体的建议内容，包括重新发布新的法规、规章，修改现行法规、规章，增加新的法规、规章及配套规定等。

实践案例一

《XX 市停车场管理办法》立法后评估意见（节选）

目录

二、实际调研阶段

（一）问卷调查情况及结果统计

（二）实地走访情况及结果简析

（三）相关部门定向调研结果

三、整理总结及文稿撰写阶段

第三部分　分指标立法评估

一、立法合法性评估

（一）立法依据与程序

（二）法律体系协调性

（三）立法技术科学性

二、立法可操作性评估

（一）实施可行性

（二）解决社会问题针对性

引言

随着社会、经济发展和人民购买力的不断提高，近年来机动车辆迅猛增长，机动车保有量的高速增长在给城市动态交通造成巨大压力的同时，静态停车问题也成为当前社会各界和广大群众反映最为强烈、诉求呼声最大的民生问题。

市领导对静态交通十分重视，将停车场管理问题列为重点工作之一。为了缓解XX市停车难的状况，制定《XX市停车场管理办法》（以下简称办法）并适时修订，同时多次批示并出台政府相关文件精神指导各有关部门执行，及时适度地组织力量对XX市停车场管理有关规章进行立法后专题调研及评估，以期在评估的基础上对规章进行客观评价和科学修订。本次评估活动就是在此背景下，由XX市政府法制办指导开展的。

立法质量评估报告以办法文本为基础，充分结合评估项目组调研和论证，对规章的优点与不足之处进行多维度、宽向度深入剖析，提出中肯意见和良好建议，以期通过立法质量评估，使停车场管理问题的研究更能全面解决当前所困，保障XX市道路畅通和谐。

第一部分　评估背景、依据与方法

一、评估背景

XX市政府于2011年5月1日正式颁布实施了办法，于2012年9月进行了第一次修正。该办法从公共停车、道路泊车和居住区停车如何管理、如何使用、如何收费、有何责任等方面破解“停车难”问题。随着XX市社会经济发展，城市布局调整，市内机动车辆增长，特别是东盟区域经济联系、北部湾经济合作的加强，区域高速公路网络的建设，XX市城市停车供需矛盾更为凸显，“停车难”已成为制约XX市经济和社会发展的问题之一。

城市停车管理是现代城市管理的重要内容，市领导对静态交通十分重视，为了缓解XX市停车难的状况，作了多次批示并出台政府相关文件精神，截至2013年7月24日，XX市新增路内临时停车泊位4885个，路内临时停车泊位的总数达到9613个；全市人行道画线点位1.8万个，画线面积达53万平方米，可停放非机动车61.7万辆次。但是，据有关部门数据统计，截至2012年12月底，XX市汽车保有量达到70万辆。据保守预测，XX市机动车每年以7万辆速度增加，到2016年机动车拥有量将达到100万辆；新增的临时停车泊位虽解一时之急，但对缓解停车难问题仍然是杯水车薪。XX市作为广西的首府和窗口城市，如不及早研究解决停车问题，势必影响XX市形象展示，影响XX市城市的综合竞争力。在规章施行一定时期后，结合XX市经济社会发展环境、停车场管理过程和落实执法所发生的新的改变，有必要对其科学性、可操作性、有效性进行一个较为全面的评价，从而为下一步修改完善、改进立法工作提供可靠的、有价值的依据。

二、评估依据和目标

（一）评估依据

本立法质量评估工作在XX市政府法制办的大力推动下进行。考虑到立法评估的专业性较强，且涉及法学、公共管理学、公共政治学、经济学及企业管理学、心理学等广泛研究领域，为确保各项指标评估的科学性和问题建议提出的客观性，法制办采取委托专门机构评估的方式开展，经过比较研究决定，决定委托“以XX市社科院为主，其他高校机构专业教师有效参与”的方式承担本次立法评估工作。委托评估周期为5个月，受托方主要以《XX市重大行政决策实施后评估办法》和规定为依托，针对停车场管理的特点组织专门形成一套有针对性的、能全面客观评价XX市停车管理行政立法执法水平的评估体系，分三个阶段和步骤，形成立法评估报告，对相关重点问题进行调研，达到同类研究先进水平，并提交调研材料及书面报告。

（二）评估目标

以系统化评估为方法，立足于规章的实效剖析，对规章的立法质量和运行绩效进行科学、全面的透视和评价。具体而言，主要从法理、立法技术、社会效果等多途径进行评估，通过“合法性”、“可操作性”、“实效性”以及“合趋势性”等评估指标体系对规章进行评价；同时对办法实施以来的管理情况、执行情况、实施效果、存在问题、影响因素及优点特色进行调查研究，发现了停车场建设管理中存在的短期和长期困局以及地域经济、社会发展环境特点对停车场管理的影响，由此得出客观准确的评价和趋势性分析，对政府规章立法完善、行政执法方式健全和停车难问题的进一步改变提出了相关建议，据此指导停车场管理部门有的放矢地改善并提升停车场规范化管理。

三、评估原则、指标体系和方法

（一）评估原则

“无规矩，不成方圆”，本次评估应坚持以下五项指导思想基础：

原则一：评估数据要客观公正、实事求是。对办法的评估应尽量排除主观因素的干扰，客观公正、实事求是，对待评估规章的各项指标及结论都必须有充分的依据和科学的论证，尽可能将评估结果具体化、数量化，并采取有效的监督检查方法保证数据从源头开始真实可靠。

原则二：评估方式要理论联系实际。理论联系实际是一切科学研究必须遵循的原则，对于本评估来说，应结合待评估规章以及相关立法内容，以地方立法与立法质量评估体系相关理论为依据，遵循评估规律，开展有针对性的深层次调研后进行科学评估，避免成为“行政化任务”评估。

原则三：评估过程要保证广泛的参与性。鉴于本评估涉及的研究领域广泛，为防止自评自说，评估可以靠具备较高学术权威和研究水平的社科院、高等院校等机构进行；评估过程应该是开放性的，调研时注重公众、政府机构、研究学者和新闻媒体的广泛参与，同时设置指标权重时要注意协调外部主观评价和主观感知评价的关系。

原则四：评估结果要具备有效性。评估结果能够真实反映停车场立法和管理实际现状，并被市民、政府管理机关、研究机构及新闻媒体广泛认同。该评估结果能够为进一步改善停车难的困境、完善停车场立法提供有效的参考依据。

原则五：评估风格要区域实际特色与地方立法特点相结合。立法的最终目的是服务于地方管理，满足当地的发展需求，因此评估不应脱离 XX 市地方区域实际和特色；立法的从属性特点又要求地方立法从属于上位法，同时兼具自主性、针对性和实施性，因此对于待评估规章要考察其立法指导思想与上位法是否一致、是否能够进一步创造性补充和具体化。

（二）评估指标体系

评估指标是指标体系中最为核心的内容。根据评估内容确立合理的评估指标、建构科学的评估体系是地方立法评估前期工作的核心和关键。课题组经过认真研究和交流磋商，拟将评估指标共分为两级，第一级指标包括合法性、可操作性、实效性及合趋势性 4 项基础指标；在第一级指标基础上又细分出 11 项第二级指标，从而形成了科学的评估体系。

1. 立法合法性评估。从本质上讲，合法性是指立法文件必须符合客观规律、充分反映民意、科学理性、基本价值理念等；从形式上讲，合法性是指立法规范必须符合立法权限、符合立法程序、不违背上位法的规定，立法用语标准规范等。立法合法性评估具体可分为三个要素：一是立法依据与程序，要求立法权的来源合法、具有立法行为合法性证明、立法程序明确具体和规范；二是与其他规范性文件间的衔接与协调性，主要是与上位法律、法规、规章的协调性考量；三是立法技术科学性。主要是形式结构、内容结构和语言技术的科学性。

2. 立法可操作性评估。可操作性是规章的灵魂，这要求待评估的规章的内容具可预见性、明确的适用范围和设置合理的措施及清晰的职能划分等 。可操作性评估具体要素包括：一是实施的可行性，包括规定是否明确具体，适用范围是否明确，行政管理体制是否明确及执行是否具有必要的保障程序等；二是解决社会问题的针对性，是否考虑社会背景和国家政策，是否有针对性地在某些环节对上位法进行细化，规章的出台是否适应上位法的需求。

3. 立法实效性评估。该指标主要侧重两个方面：一是公众认知程度，主要是办法的社会知悉度和认同度及总体评价如何；二是执行情况，主要是各行政管理工作执行情况、相关利益主体及公众的执行态度、长期性和临时性工作的开展情况、办法内容的执行是否具有可行性、对法律权威和社会效果的影响等。

4. 立法合趋势性评估。法律的稳定性特点要求立法要具有合趋势性，这也是评价待评估规章是否具有生命力的评价标准之一。具体要素包括三点：一是与社会发展相适应、产生积极的社会影响；二是要具有地方特色、符合地方需要；是否结合少数民族立法特点并体现立法示范性作用，是否结合地方政治、经济和文化环境考虑地方需要；三是立法前瞻性。

（三）评估方法

本次对办法立法后评估采用文献调查、定性访谈调查、定量问卷调查、规章实施情况报告、相关立法比较分析、历史分析等方法。

1. 文献调查法。课题组成员在围绕本评估收集了大量的各类文献资料之后，对这些信息进行了识别，从中选取一些与本评估目标相关的、有价值的信息，整理归纳结论寻求最有实际成效的评估方法。这一方法是停车场管理办法评估的基础和前导，贯穿整个评估调查研究和分析的全过程。本次评估围绕评估内容，收集丰富的文献资料，对办法进行分析和评价。

2. 定性+定量调查法。定性调查法指的是访问人员以谈话等形式，直接向被访问人员询问相关的信息，或对相关问题进行探索，根据不同的对象人群，通过设计出相应的调查表格，来进行相关的调查或是征求被调查者的意见的一种调查方法。定量调查法就是以调查主题为中心，通过多种途径收集与调查主题相关的不同级别指标相关的数据，以便让调查者通过统计软件对数据间的不同关系和相互作用大小进行统计指标的运算，得到更多了解调研主题的调查方法。本次立法评估采用定性与定量相结合的方法，以评价的具体内容为依据，提前拟定利益相关的管理者与被管理者访谈提纲，分别对停车场的市、区管理部门领导和执法人员、市会展中心和区体育中心以及社区的管理负责人、普通民众进行面对面的访谈，调查不同群体对办法实施的评价和意见。

3. 规章实施情况报告。就是调查规章实施机关对规章实施的基本情况、重要制度执行情况、实施的社会效益或经济效益、执法体制或者机制是否适应经济社会发展等情况的分析。本次评估通过对市公安交通支队、市城管部门、物价部门、规划委等管理部门的执法材料以及有关文献的收集，整理办法实施情况报告。

4. 比较分析法。主要是通过对国家立法、地方性法规和地方政府规章的对比，找出其中的共性和差异，分析办法与上位法律间是否存在协调、衔接、矛盾之处，以及在客观看待其他区域相关立法的参考价值的基础上，对办法的修改提供参考意见。在此基础上，对办法实施以来所依据的国家及地方政府颁布的相关法律、行政法规及地方性法规进行了梳理，并对办法的合理性、适用性及规范性进行了研究。

5. 历史分析方法。通过对××市停车场管理问题是一种有自身历史发展过程的社会现象，它当前所存在的问题并不是孤立存在的，是与特定历史时期的各种文化现象紧密联系的，并在相互制约、相互影响的过程中发展变化，因此，要对办法内容的产生、发展、变化进行历史性评估，把握历史规律。

第三部分　分指标立法评估

一、立法合法性评估

（一）立法依据与程序

立法依据作为立法形式要件的全部意义在于说明“立法”这种要件行为中立法权的来源、效力位阶，它是立法行为合法性的证明。

1. 办法属于政府规章，在制定和修改过程中严格按照《中华人民共和国立法法》《规章制定程序条例》（国务院令第322号）《XX市制定地方性法规规定》等法律、行政法规和地方性法规，对调研和立项、起草、审查、决定和公布、解释与备案进行了仔细的安排，保证纳入立法规划的项目能够与该行政区域的具体行政管理事务相适应，按质按量完成。

2. 评价办法合法性的主要依据之一，还需考虑制定办法时是否有效力位阶更高的上位法，或颁布之后新增、修订上位法的依据，包括基本精神、基本原则和制度的依据。主要的规范性法律文件如表3－1所示。

表3－1　评价办法立法依据合法的主要上位法依据表

序号	法律规范性文件	备注
1	《中华人民共和国道路交通安全法》	2003年10月28日第十届全国人民代表大会常务委员会第五次会议通过，2007年12月29日第一次修正；2011年4月22日第二次修正；2021年4月29日第三次修正

续表

序号	法律规范性文件	备注
2	《中华人民共和国城乡规划法》	2007年10月28日第十届全国人民代表大会常务委员会第三十次会议通过，自2008年1月1日起施行2015年、2019年两次修正
3	《中华人民共和国行政许可法》	2003年8月27日第十届全国人民代表大会常务委员会第四次会议通过，自2004年7月1日起施行，2019年4月23日修正
4	《中华人民共和国行政强制法》	2011年6月30日第十一届全国人民代表大会常务委员会第二十一次会议通过，自2012年1月1日起施行
5	《中华人民共和国价格法》	1997年12月29日第八届全国人民代表大会常务委员会第二十九次会议通过，自1998年5月1日起施行

办法在整体上能与上位法的立法要求和制度内容保持一致，比如，遵循了《中华人民共和国城乡规划法》根据城乡经济社会发展水平和统筹城乡发展的需要对道路资源、公共服务设施规划的立法思想；贯彻了《中华人民共和国道路交通安全法》关于道路职责管理规定、道路通行条件和规定等制度内容；遵循了《中华人民共和国行政处罚法》关于行政处罚的种类、数额限度、处罚方式以及处罚权设定权限等。具体来讲，办法对停车场的规划和建设制度、公共停车场和专用停车场的管理制度，以及公共道路停车泊位的设置和管理制度进行了规定，还涉及公共停车场和专用停车场的规划建设等方面的问题。

（二）法律体系协调性

立法之间的协调性是以合法为前提的。由于立法往往是“政出多门”，部门立法痕迹很重，存在法规规章之间不相协调的现实可能性，协调性的评估可以在立法机关缺乏制定合理可行的立法规划习惯时，避免所制定的法规规章具有较大的随意性、盲目性和缺乏连贯性弊端。评估立法之间的协调性可以考虑下列指标。

1. 相关同位法之间的协调性。在地方立法后的评估中，我们要对地方性法规与部门规章之间、部门规章与地方政府规章之间、地方性法规之间、地方政府规章之间的抵触、协调、衔接等方面进行评价，避免在立法内容上因交叉而导致不协调，从而产生执法冲突、多头管理的弊端。

2. 配套规范性文件的协调性。对地方性法规、政府规章作出特别规定，要求制定配套性规范性文件的（其中既有授权的，也有规定义务的，还有既授权又设定义务的），应当同时评估细化的执行性配套性文件与法规、规章的协调性。

与办法在法律位阶上相同的法律规范性文件如表3-2所示。

表3-2　与办法相关的规章

序号	规章	发布情况
1	《中华人民共和国道路交通安全法实施条例》	2004年4月28日国务院第49次常务会议通过，自2004年5月1日起施行
2	《道路交通安全违法行为处理程序规定》	2008年11月17日公安部部长办公会议通过，自2009年4月1日起施行
3	《机动车停放服务收费管理办法》	2000年7月12日国家发展计划委员会颁布，自2000年9月1日起施行
4	《城市规划编制办法》	2005年10月28日经建设部第76次常务会议讨论通过，自2006年4月1日起施行
5	《城市黄线管理办法》	2005年11月8日经建设部第78次常务会议讨论通过，自2006年3月1日起施行
6	《物业管理条例》	2003年6月8日国务院令第379号公布，自2003年9月1日起施行，2007年8月26日第一次修订
7	《中华人民共和国行政复议法实施条例》	2007年5月23日国务院第177次常务会议通过，自2007年8月1日起施行

办法的执行力和操作性的增强以及相关法律系统发挥整体合力作用需要以规章之间的协调为基础。从整体考察来看，办法与其颁布以前，或同期的规章之间在内容上基本是协调一致的，没有明显的法律规范冲突现象。

（三）立法技术科学性

立法技术对立法的质量以及立法实施的有效性、可操作性，包括执法和守法的可行性均有非常直接和重大的影响。可以将技术性指标科学分解为考察文本结构完整性、内在逻辑结构严密性及语言表达准确性三个方面。

1. 办法的文本结构完整

(1) 办法的结构单位设置科学

结构单位是指正文中编、章、节、条、款、项目的设置与排列。按照《行政法规制定程序条例》《规章制定程序条例》对办法制定要求的立法规定，设置的结构单位具有必要性、层次性、条理性和完整性，基本符合立法技术的要求。

现行办法的章节和条文数基本情况，如表3-3所示。

表3-3 现行办法的章节和条文数基本情况

章序数	名称	条文数	具体内容
第一章	总则	5	第一条—第五条
第二章	停车场的规划、建设	7	第六条—第十二条
第三章	公共停车场的管理	5	第十三条—第十七条
第四章	专用停车场的管理	6	第十八条—第二十三条
第五章	道路停车泊位的设置和管理	10	第二十四条—第三十二条
第六章	车辆停放管理	3	第三十四条—第三十六条
第七章	法律责任	7	第三十七条—第四十三条
第八章	附则	2	第四十四条—第四十五条
共8章		共45条	

《规章制定程序条例》第七条第三款规定："规章除内容复杂的外，一般不设章。"办法规范的内容范围涉及停车场的统筹规划、配套建设、规范管理、车辆停放等诸多环节，涉及的部门有规划、建设、物价、工商、交通运输、国土资源、住房保障和房产管理等，符合《规章制定程序条例》中所指的"内容复杂"情形，全章设计条文数为八章45条较为合理。从结构单位设置的层次来看，办法对于章节

内容的安排是按照“停车场的种类和管理概述、停车场的规划和建设、公共和专用停车场的管理、道路停车泊位的设置和管理、车辆停放管理”等规划和分类管理来划分的，章与章之间存在联系，明确了停车场相关的管理环节，形成了完整的管理体系。从每章的立法用语来看，每章的标题基本能概括本章的主要内容，概括精练，立法技术较为科学。

(2) 办法的条文构成符合法律规则

一般来说，法律规则由假定、处理和制裁三部分构成。假定是法律规则中指出适用这一规则的前提、条件；处理是法律规则中具体要求人们做什么或禁止人们做什么的那一部分；制裁是法律规则中指出行为要素承担的法律后果的部分。在办法的立法规范结构的实践安排中，将上述三大规范构成部分全部纳入同一条法律规范而形成完整结构的情形并不多见，而是将上述三大规范构成部分分开放在单独的法规条款之中，并单独专章列出法律责任，单独对假定、处理部分导致的制裁进行单列，对处罚方式具体规定，使得整体的法规条款与假定和处理的规范条款能够互相衔接。制定过程中可以尽可能地防止“三缺一”“三缺二”等情况发生，使得办法出台之后，可以更好地适用和指引实施。办法的每个条文具有一定的独立性和完整性；法条的编排符合立法技术规范，具有连续性；各章的规范内容是相互关联的；条文长短适宜，无影响理解与无实质性内容的情形。

2. 办法内在逻辑结构的严密性

在立法中法律用语的使用和内容结构的安排应该做到逻辑严密，立法必须不断地明确法律概念的界限以降低法律用语的不定性；法案的规定具有一定的逻辑性并层次分明按层层递进的方式进行编排。办法内容结构分为：总则、分则、附则三个部分，各部分排列顺序科学，达到了内在逻辑结构严密的立法要求。

办法总则部分的内容对整个法案具有统领性，条文具有高度抽象性，文字概括精练。主要规定了立法的宗旨和权力来源（第一条）、适用范围（第二条）、停车场术语的界定（第三条）、主管部门（第四条）、基本原则（第五条）等几个部分，内容没有把应属于分则、附则的部分放入总则中，形式上基本符合总则制定的技术要求。

分则的内容（第二章至第六章）主要规定具体行为规则和基本操作，是执法、守法最直接的依据。将停车场从规划到建设、分类管理及车辆停放各个环节在实践的基础上有逻辑地严密排列，规范事项紧凑，语言表达通俗易懂、界定清楚。内容没有把应属于总则、附则的部分放入分则中，形式上基本符合分则制定的技术要求。

附则使整个法案结构组成逻辑缜密，将实践其他相关的规定更好地得以确定，主要规定了参照执行的范围（第四十四条）、施行时间（第四十五条）。

内容没有把应属于总则、分则的部分放入附则中，形式上符合附则制定的技术要求。

3. 办法立法语言表达的准确性

办法立法语言符合立法技术的要求，能够正确体现国家意志的功能。总体来说，办法概念基本表述准确，概念之间没有矛盾、前后一致，虽然在界定范围上有待推敲和考究，但没有一起词义上的误读和错解，例如能够在总则部分对停车场三种分类进行界定，并在分则中以此分类展开阐述；文字简洁易懂，没有重复的内容；语言表达无生僻字，在操作性的指引上不易产生歧义，法规、规章没有错字、别字；符合语用要求，语言使用规范，较为通俗易懂，没有生僻字、拗口的立法词汇，全文用词基本能保持一致性和连贯性，未出现前后词义用法不一的现象；句子结构符合语法的准确要求，主谓宾等构成成分搭配得当，未出现冗长烦琐或过于简单、严谨欠妥的法条；标点符号使用规范。

二、立法可操作性评估

（一）实施可行性

1. 办法的适用范围比较明确

办法的适用范围体现在第二条的规定中："本市城市规划区范围内停车场的规划、建设和管理适用本办法。"这一范围的划定有助于将公路的规划、建设和管理区分开来。同时，办法将所规范的停车场的分类区分为"公共""专用""道路停车泊位"三个种类，在第三条中有所体现，即"本办法所称停车场指供车辆停放的露天或者室内场所，包括公共停车场、专用停车场、道路停车泊位"，同时该条一并细化这三个种类的范围。适用范围比较明确，没有让人产生歧义、误解的地方，在适用理解上没有存在争议性的问题，有助于规章的操作。

2. 办法确定的行政管理体制基本明确

办法第四条规定："市公安机关交通管理部门是本市停车场的行政主管部门，负责停车场的监督管理工作。城市管理行政主管部门负责人行道停车泊位的车辆停放管理工作。规划、建设、物价、工商、交通运输、国土资源、住房保障和房产管理等有关部门在各自职能范围内协同做好停车场管理工作。"该条规定在确定管理体制的时候，基本上遵循明确性的要求，对停车场规划、建设和管理问题所涉及的相关具体管理事项行政主管部门的行政职责规定清楚、得当，为避免主管部门之间的职权之争、怠于履行义务而引发负面后果奠定了基础。

3. 办法对上位法的规定进行了一定的细化

规章必须结合本地区的实际，对上位法进行细化以提高条文的可操作性，必要的情况下，可根据实践的要求就条文没有规定但符合上位法精神的事项进行明确规定。办法能够遵循立法法第七十三条对规章的作用、功能及主要内容要求的规定："省、自治区、直辖市和较大市的人民政府，可以根据法律、行政法规和本省、直辖市的地方性规定，制定规章。地方性规章可以就下列事项作出规定：（一）为执行法律、行政法规、地方性法规的规定需要制定规章的事项；（二）属于本行政区域的具体行政管理事项。”同时，考虑到虽没有相关行政法规、地方性法规作为依据，但立法制定过程能够在《中华人民共和国道路交通安全法》（以下简称道路交通安全法）的基本精神范围内细化相关条款，达到提高操作性的目的，细化相关条款具体体现在以下几个方面：

（1）对道路交通安全法停车场的种类和界定进行细化，将其分为公共停车场、专用停车场和公共道路停车泊位，为停车场的规划、建设和管理工作奠定基础；

（2）初步明晰公安机关交通管理部门、城市行政管理部门、规划、建设、物价、工商等管理部门之间的职责，给有关机关履行职责提供执法依据；

（3）针对停车场的规划和建设，提出合理编制停车场专项规划的报批程序、停车场设置应考虑的因素、配建和增建停车场、补足停车场的建筑类型等规范，细化了道路交通安全法的相关内容；

（4）对公共、专用停车场的管理和道路停车泊位的设置和管理相关制度进行了规定，补充了道路交通安全法的相关条款；

（5）对车辆驾驶人和停车场工作人员的权利和义务进行了细化规定；

（6）对道路交通安全法中法律责任不明确的诸多问题，制定了专门的法则进行规范。

4. 办法的执行具有必要的程序保障

办法制定了相关的程序保障，程序的制定能更好地落实实体法的规定，提高执法的可操作性，保障行政机关依法行政，明确行政相对人的守法和维护权益的依据。办法制定的程序主要包括以下几点：

（1）编制停车场专项规划的报批和审查程序；

（2）改变停车场用地性质的处理程序；

(3) 从事公共停车场经营的登记及注销程序；

(4) 道路停车泊位设置程序；

(5) 道路停车泊位设置不符合标准的异议程序；

(6) 当事人对行政处罚不服的处理程序。

总而言之，办法中的程序设置环节基本完整，程序具体要求也比较清晰，具有较强的可操作性。

(二) 解决社会问题针对性

1. 办法的出台适应了社会需求

法律规范性文件所设定的行为规范必须符合人民群众的需要，能满足其所调整范围的社会需求。一项法律规范是否适应社会需求，主要考虑的因素包括社会公众对该法律规范性文件的接受程度，该文件对经济、社会生活的干预是否适度。社会需求指标能在一定程度上反映待评价规章的民众接受程度、民众抵触情绪、执法成本高低、执法难度大小以及规章可操作性强度。

根据对不同主体、多种角色人员、单位调研反映的情况看，社会民众、团体组织、行政管理相关单位、企事业单位、居民业主等对停车场规范管理的立法都比较赞同，认为在当前城市停车供需矛盾凸显，“停车难”已成为制约XX市经济和社会发展的矛盾之一的形势下，对停车场的规划、建设和管理进行规范性立法已经势在必行，这一涉及千家万户老百姓的民心工程如不能得到有效依法开展和执行将影响城市的和谐稳定。可见，办法具有很强的社会需求性，具备良好的社会基础。

2. 办法有针对性解决停车问题

办法各条文的制定历经“社会需求呼吁—意见建议倾听—举行专门听证会—热点、难点问题提炼—深入研究论证—合理可行观点采纳”等多方面考验，行文效果能够有针对性地解决停车问题，提高守法的可行性和执法的可操作性。

(1) 对改变停车场用地性质的处罚设定。停车难的一个重要原因是部分停车场管理方出于经济利益的驱使，把原本配建的停车场改为其他用途，导致原来可以由路外停车场分流的车辆全部挤压到路内，不但造成停车难，还加剧了交通拥堵，社会反应非常强烈，有必要针对这一情形设置处罚。办法第十条对此情形进行了规定："停车场的用地性质，未经法定程序不得改变。"同时，第三十八条对办法第十条规定的处理行为明确规定了制裁条款，对遏制私自改变停车场使用性质或减少使用范围的行为形成威慑力。对该行为的监督管理权力授权给城乡规划行政主管部门，行使责令恢复原状、罚款的处罚权力。

（2）对不同区位、路段的停车场实行差别收费制度。针对城市交通拥堵和中心城区停车难的现象，对不同区位、路段的停车场实行差别收费。对于设置在主干道的泊位实行高收费，与公共停车场的收费标准拉开距离，引导车主在非中心区域、非道路停放，缓解中心区域和道路的停车压力，疏导交通。办法第十五条第三款规定："实行市场调节价的公共停车场经营者可以根据所在区域、路段等实行级差收费和计时收费。"

（3）规范并细化道路临时停车泊位的设置条件。道路临时停车泊位的设置和取消，是市民最关心的问题，规范这一行为非常必要。道路临时停车泊位的设置，既要充分挖掘停车资源，又不能影响交通畅通，必须规范并细化其设置条件。办法第二十四条（施划原则）、第二十五条（禁止施划泊位的情形）、第二十七条（撤除泊位的情形）中，增加了关于道路临时停车泊位设置的相关内容。

（4）重大活动或者突发公共事件暂停道路停车泊位的经营。重大活动或者突发公共事件发生，为保证重大活动的顺利进行和突发公共事件的应急处理顺利进行，往往对停车场地有特殊需求，针对这一情况，办法第三十一条规定："举行重大活动或者遇有突发公共事件时，相关区域道路停车泊位的经营者应当按照市公安机关交通管理部门的要求，暂停道路停车泊位的经营。"

第四章　地方立法公众参与具体实践的法律依据与文件资料

一、地方立法公众参与具体实践的法律依据

公众参与地方立法所提出的法律意见，如果能有法律依据作支撑，会极大地提高参与的效果。要具备法律依据，就需要了解我国基本的法的形式，从我国现行的法律体系来看，法的形式包括宪法、法律、行政法规、地方性法规、行政规章、自治法规。

（一）宪法

《中华人民共和国宪法》（以下简称宪法）是由全国人民代表大会依特别程序制定的具有最高效力的根本法，集中体现了全体人民共同意志，规定国家制度、社会制度的基本原则，是治国安邦的总章程，具有最高的法律地位、法律权威、法律效力。

宪法所包含的立法法律规范通常原则性较强，涉及立法权力的取得、行使及对其进行监督的根本性问题的规定。宪法是国家的根本大法，由全国人民代表大会制定，是国家一切活动的基本依据，它规定了国家的根本性质和基本原则，以及公民享有的权利和义务；它规定了国家制度、社会制度的基本原则，这些原则包括尊重人权、维护公平正义、推进改革创新等；此外，它还规定了国家政治、经济、文化和社会生活中最重要的问题，这些问题包括政府改革、政治民主等。宪法是一部具有最高权威的法律，体现了以人民为中心，在维护社会稳定和维护人民合法权益方面发挥着举足轻重的作用。它的作用是对国家的权力进行约束与制衡，并对人民

的基本权利作出规定。宪法中的立法法律规范往往具有很高的原则性，并对立法权的取得和行使以及对立法权的监督等基本问题作出了明确的规定。

（二）法律

法律有广义和狭义之分。从广义上讲，法律是指一切具有法律效力的规范性文件。从狭义上讲，法律指的是全国人民代表大会及其常务委员会制定的规范性文件，不包括宪法在内。对与立法有关的内容制定，法律主要集中在与立法权力的设定及权限、行使、运用，以及对立法权力进行监督有关的法律制定。

法律有两种类型，一种是基本法律，另一种是一般法律。基本法律是由全国人民代表大会制定的，旨在调整国家和社会生活中带有普遍性的社会关系的规范性法律文件的统称，如刑法、民法以及有关国家机构的组织法等法律。这些法律通常只针对某一类具体社会关系或其中某一方面内容而制定，一般较少涉及具体的行为规范。一般法律则是全国人大常委会制定的，为了解决国家和社会生活中出现的问题，需要采取有效的措施来调整特定的社会关系或其中某一方面的内容而采取有效措施，使其达到和谐稳定的状态的规范性法律文件的统称。其调整范围比基本法律小，但内容较具体，如公司法、消费者权益保护法等。基本法律和一般法律之间既有区别又有联系。它们的调整范围是不完全相同的：基本法律是全国人民代表大会制定、在全国范围内普遍适用的，具有最高效力，没有时间限制；一般法律调整范围比基本法律小，但其内容较具体，在一定程度上受基本法律所规定的内容控制和约束。另外，全国人民代表大会常务委员会发布的具有规范性内容的决定、决议、办法、规定等，这些文件是由全国人民代表大会及其常务委员会作出的具有法律效力的决定，以及由全国人民代表大会常务委员会发布的具有规范性内容的决议，它们具有法律上的效力，对国家和社会都有重要意义。这些决定、规定等是对已生效的法律文件的修改或补充，也属于法律范畴，因此，这些具有规范性内容的决定、规定等也被视为法律文件。应当指出，为了确保最高权力机关的立法权威，我国宪法还规定了只有全国人民代表大会及其常务委员会才能制定法律的事项范围。即所谓“法律保留”。《中华人民共和国立法法》第十一条就明确提出了十种事项为法律保留事项，具体包括在国家政治、经济、文化和社会生活中有重大影响的重大决策；有关国家安全、国家政治体制、社会秩序以及公共利益的重要事项；有关国家财政政策和税收政策；涉及公民基本权利和义务的重要事项等。法律以下位阶的其他规范性法律文件不得涉及。

（三）行政法规

行政法规是由国务院制定并颁布的规范性文件的总称，指的是国家最高行政机关国务院按照宪法和法律，针对行政法律和履行行政管理权限的问题所制定的规范性文件的统称。其是将较为原则性的法律规定具体表现出来以便更好地在行政管理中得到执行的一种重要方式，数目很大。行政法规应当依照规定的程序制定，不能违反宪法、法律。

行政法规是制定法的重要组成部分，其在中国法的形式体系中具有承上启下的桥梁作用。它既是中国制定法的重要组成部分，又是中国法实施的重要保障，在中国法的实施中起着不可替代的作用。行政法规不仅规定了公民、法人和其他组织权利义务，而且对违法行为也有明确的规定。它可以理解为社会规范的法律化，作为一种法律手段，可以有效地维护社会秩序和公正。通常，对一些比较抽象的法律条款进行具体描述，并通过规范对行政权进行约束，从而使法律的实施和行政权依法执行得以实现。行政法规所调整的社会关系和事项，其内容涉及政治、经济、文化等多个领域，这类社会关系和事项具有更加广泛和具体的特点，能够满足人们更加复杂的需求。此外，国务院依据宪法和组织法规定发布的决定和命令，其内容应当符合宪法和法律的规定，并且这些决定和命令中具有规范性内容的部分也属于我国法律的形式。而且，在国务院所创制的规范性法律文件中，如果是经过国家最高权力机关的立法授权而创造出来的，那么所产生的法律文件就属于“准法律”的身份。

（四）地方性法规

地方性法规是由有地方立法权的地方人民代表大会及其常务委员会就地方性事项，按照本区域的具体情况对法律、行政法规进行调整，所制定的法律规范。其中有一部分涉及地方立法机关权力的取得、立法权力的行使以及对立法权力进行监督等问题。

地方性法规仅限于其所在行政区范围之内发挥作用，作为目前我国制定法的主要形式之一，其涉及的立法内容主要包括两个方面：第一，为了确保法律、行政法规能够得到有效实施，需要根据本行政区域的实际情况制定具体的规定，这些地方性法规的内容必须符合法律、行政法规的执行要求，并且要体现灵活性和可操作性。第二，这些事项应当由地方性事务来解决，以制定地方性法规的方式来规范其实施，从而有效地促进地方经济、社会、文化的发展。《中华人民共和国立法法》第十二条规定，在第十一条法律规定的保留事项之外，在法律没有明确规定的情况下，根据本地方具体情况和实际需要，先行制定地方性法规。这是对第十一条法律保留内容的例外规定。赋予地方权力机关以地方性法规制定权，不仅有助于更好地发挥地方立法机关的作用，而且有助于地方行政机关更好地行使其职权。一方面，通过赋予地方权力机关以地方性法规制定权，可以使其更加有效地监督和管理地方行政机关，有助于更好地发挥地方性法规制定权的作用，从而实现地方政府机构之间的权力制衡和协调；另一方面，地方立法机关作为民意的代表，可以通过立法有效地推进社会管理制度的完善，实现区域内社会事务的有效管理和自主管理，从而有效地推进地方社会发展的目标。为了能够有效地进行本区域的社会治理，地方立法机关需要拥有一定范围的自主权，以实现地方不同情况的管理；地方性法规的制定需要满足一定的条件，比如有足够的经验、资源等。此外，还需要进行深入的分析和研究，以确保其具有可行性和合理性。

（五）行政规章

行政规章是指法定的行政机关依法制定的有关行政管理和服务事项的

法律规范性文件的总称。

行政规章依据制定机关确保法律、行政法规能够得到有效实施可以分为两类，一类为中央政府各部门制定的，称为中央部门规章，另一类是由地方制定的，称为地方政府规章。中央政府规章是指由一个或多个国务院各部、委员会、中国人民银行、审计署和具有行政管理职能的直属机构制定的与各部门行政事务有关的规定。这些规定涵盖了各个领域，为政府管理工作提供了重要依据。此外，这些规定还涉及与公共利益有关的政策，以及关于法律责任等事项。这些规定一般都是由国务院行政法规、决定或命令明确授权的，其内容只局限于执行法律或者执行国务院的行政法规、决定和命令的事项；地方政府规章是由省、自治区、直辖市人民政府和设区的市的人民政府按照其所在地区的行政事务的要求制定的规章，它规定了有关公共服务、土地使用、公共设施建设等方面的行政行为。地方政府的规章对地方政府的管理活动起到了很大的作用，也是地方政府依法履行职责、处理地方事务的主要依据。

（六）自治法规

自治法规指的是民族自治地方的行政管理部门按照宪法和民族区域自治法的规定，为解决不同自治地区民族的政治、经济和文化特征的不同管理需求而制定的特别法律文件。一类是自治条例，它是民族自治地方行使自治权而制定的综合性规范性文件，包含了对当地民族文化、经济发展、社会福利等方面的规定，可以有效地规范和引导民族自治地方的发展，促进其经济、文化、社会等各方面的发展。自治区的自治条例和单行条例，需要按照国家法律规定，由自治区政府向全国人大常委会提出审批，经批准后才能生效；自治州、自治县的自治条例和单行条例须报省、自治区、直辖市的人大常委会批准后生效，并报全国人大常委会和国务院备案。自治法规可对法律、行政法规、地方性法规进行变通性规定，经过适用性变通调整后的自治法规可以在其所在的民族自治地方优先适用。

公众参与地方立法对以上的法律形式了解后，需要了解其法的效力等级。通过对法的效力等级的了解，可以查找所参与的立法规范之上位法律规定作为意见的依据，提高参与意见被采纳的比例；还可以了解立法规范条款是否具备制定权限，规范条款性质是属于创新性条款还是执行性条款，内容是否与上位法相抵触、冲突。

二、地方立法公众参与的文件资料

（一）立法起草说明内容及其作用

由《中华人民共和国立法法》可知，法律草案说明和必要资料应当作为法律草案文本的附件随文件一同提出报送审查。法律草案说明的撰写主要围绕制定该法律的必要性及核心内容进行说明，涉及合宪性问题的相关意见以及起草过程中对重大分歧意见的协调处理情况。其中心应该是法律草案的必然性以及法律草案的基本内容。此外，对于草案的撰写，法律、行政法规和有权立法机关的法制机构没有其他限制性和强制性的规定。立法起草说明指的是立法起草机关为方便相关部门或人员对立法草案提出意见或建议、方便立法审查机构对草案进行审查而编写的书面材料。一篇出色的法律草案说明，能够让包含公众在内的立法利益相关主体对法律草案拟定的目的、草案规范制定的重点、针对立法问题和拟解决立法思路及相关规范的形成等情况有一个全面、清晰的认识，也能够让他们更好地认识到法律草案中存在的问题和缺陷，对法律草案进行修订，并且给法律草案的审查、决定主体作出正确的立法决断，从而在法律草案的制定和颁布方面提供重要的依据。所以，在制定法律草案的过程中一并撰写法律草案相关说明，不但提高立法质量和立法效率，以保证法律草案的顺利通过，使法律草案得到公众更好的理解，从而减少立法实施阻力，推动执行效果。

立法起草说明具有许多重要的功能，它可以为起草人员系统化地梳理出立法总体思路和立法框架，为法制机构参考说明中的立法必要性、法律依据和主要问题内容进行合法性审查提供依据，为立法审议机关审议时了解立法草案的背景资料提供指导，为立法项目备案审查了解立法起草背景和立法依据提供资料，还可以为被征求意见单位和立法参与人员提供介绍。

（二）立法起草说明的结构

法规、规章立法起草说明的体例结构方面，其格式大致包括以下几个部分：首先在第一部分写明新颁布或修订的法律法规的立法必要性、可行性或紧迫性；第二部分说明立法起草调研、征求意见及意见采纳、相关利益部门等主体争议的立法协调处理、立法论证等简要过程，体现立法启动、科学立法、民主立法；第三部分介绍需要说明的主要问题，属于立法起草说明的核心部分，但不宜界定过细，点出立法草案条目而无须具体条款。

阐明新制定、修订法规和规章的立法必要性和可行性，主要是说明立法的目的和意义，以及立法在社会发展中所发挥的重要作用，简明扼要、围绕重点建构现实问题，解决需要与制定、修订立法间的关系。可行性一般从立法所需要的时间、资源、技术等方面表明立法条件成熟并具备可操作性；紧迫性主要说明立法所涉及的问题亟须制订、修订地方性法规、规章，通过立法有可能发挥法律效力得到解决的程度和效果。立法起草简要过程是立法草案制定过程中必经的工作过程和法定程序的简要概述，专家论证意见或专门领域的专业论证研究情况会作重点介绍，同时对涉及多个部门权责交叉情况和管理争议的焦点进行叙述，立法制订机关拟向政府相关部门以及相关公众征求意见的情况进行阐述，可以为公众参与提出意见、建议，提供立法实践背景参考。需要说明的问题部分是公众参与中应注意的几个关键问题，问题的数量一般在3~5个，对说明的该部分内容进行了解，主要是弄清楚立法关键问题的制定主体是如何解释的，可以为公众参与提出意见、建议，提供思考方向的指引，但也要结合法律实践中的复杂性和变化性与最初立法的预期相比较提出建议。

（三）立法起草说明存在的问题及解决办法

公众参与地方立法时，借助立法起草说明作为了解所要发表意见、建议的地方性法规、规章的立法背景的辅助资料参考，需要注意立法起草说明存在的常见问题，并采取一定的措施克服，才能有针对性地提出有质量的意见、建议。例如，起草部门的起草人员所写的起草说明过于简单，缺少起草说明的基本要素和内容，轻描淡写地介绍起草目的、制订依据和主要条款，却没有说明立法草案必须说明的问题；有的撰写起草说明问题导向不明确，对于法规、规章立法事项所涉及的主要制度泛泛而谈；有的不能紧紧围绕立法问题作说明，文不对题；有的立法起草说明中有很多不规范的草案名称，五花八门的名称导致分不清，甚至内容相互混淆、混乱，无法帮助参与立法的公众快速熟悉立法的背景、框架和立法的必要性、可行性及主要问题，等等。

对于以上立法起草说明存在的问题，需要地方立法参与的公众通过以下方法进行解决：首先，对于参与过程中所涉及的法规、规章规范内容涉及立法草案说明一般结构中具有的内容需要了解，加强与立法权力机关的联系、咨询和沟通，尽量获取相关资料信息内容。其次，根据立法规范要求，熟悉立法草案的规范名称一般可分为哪些种，其内容包括哪些部分，有何区别。例如“送审稿”“草案征求意见稿”“草案讨论稿”“草案送审稿”“草案审议稿”等文件。“送审稿”在以上这些文件中是最早形成的，是形成法规、规章草案后，在起草部门内部进行讨论的草案文稿，经讨论通过并由主要负责人签署后，该法规、规章草案会报送给政府负责立法的法制机构审查所用；“征求意见稿”“法规草案送审稿”“规章草案”等都是在报送到政府法制机构后所形成的，其中，“征求意见稿”是用于征求社会公众、相关部门意见的法规、规章草案，是已经经政府法制机构初步审查并对法规、规章送审稿修改后形成的，更具立法技术性；“法规草案送审稿”“规章草案”均是在征集社会公众、相关部门意见后对有益的意见进行整理、归纳和论证，经过政府法制部门修订和审核及领导签字，提交给市政府审批通过的文稿。以上文稿具有时间承接性、内容延续性、逻辑论证层层深入的特点。

实践案例一

草案说明书

现行《XX 市停车场管理办法》（以下简称办法）于 2011 年 5 月施行，2012 年为贯彻《中华人民共和国行政强制法》而就行政处罚相关条款进行修改并重新公布。在办法施行的两年中，停车场经营管理状况有所改善，但随着我市城市居民生活水平的提高，停车场管理出现一些新的问题，办法中的一些条款已经不适合社会发展实际的需要；另外，我市各职能部门已积累了一定的执法经验，可以为今后修订办法提出有价值的意见。在 2013 年度，该办法的立法后评价小组按照《XX 市重大行政决策实施后评估办法》，对该办法进行了研究和评价，并对办法提出了相关条款修改意见，现就相。关情况说明如下。

一、关于立法位阶

目前办法为 XX 市政府制定的地方性政府规章，法律位阶较低，难以从宏观高度对停车场管理的相关活动进行统一立法监管，在适用上也受到了一些限制，因此，应考虑提升立法层次，如通过人大常委会立法，将停车场管理的立法位阶提升到地方性法规的高度，以增强办法的权威性。

二、关于停车场管理职能部门

目前办法中虽对政府各职能部门在停车场管理中的职责进行了界定，但由于缺乏统一牵头领导的部门，且各部门的职责存在一定程度的重合或空白，导致多头管理和管理真空并存的现象。因此，明确市政府对停车位管理工作的领导作用，对各职能部门的职责和权限范围进行更加细化的界定和补充，并根据各职能部门的实际工作情况，进行一些适当的调整。

比如，对城乡规划主管部门的职责进行了增加，将道路人行、停车泊位的设置权交给了城市管理行政主管部门，并允许授权社区、街道办等基层群众性组织承担部分管理职能等。

三、关于停车场的规划和建设

目前我市对停车场布局的整体规划虽已具雏形，亦有要求各公众场所或建筑配建停车场等相关规定，但由于缺乏后续执行力和监督，而未能充分落实，致使停车场的建设远远落后于规划。因此，建议在立法中增加政府投资建设公共停车场的内容，并对各公众场所或建筑配建停车场进行严格要求，加强其法律责任，以督促各建设主体自觉执行办法。

另外，为尽快填补我市停车场在数量上的短缺和分布上的不合理，结合我市实际，建议增加允许各单位向公众开放专用停车场泊位、鼓励各方投资兴建停车场并予以政策性支持等条款。

四、关于公共停车场管理

现行办法中关于公共停车场管理的规定虽然制定了比较详尽的规范，但由于目前市民对办法的知悉程度仍较低，而对停车场管理服务的要求较高，因此我们提出了对有关公共停车场管理的规范进行细化的意见，尤其是加强经营者就停车场相关信息的披露和公示义务，强化管理人员的安全意识和安全保障义务。在条件成熟以后，应引进新的监管方式和方法，如建立公共停车场信息系统、对公共停车场进行评星分级管理等，以提高公共停车场的管理水平和服务质量。

五、关于居民区内停车管理服务

居民区停车管理有异于企事业单位的专用停车场管理，物业服务企业在其中应承担相对更多的责任，目前的办法将物业服务企业的义务交由物业服务合同来确定，但在实际工作中，由于业主缺乏专业知识，物业服务合同的质量通常不高，因此，建议增加对停车管理服务的提示性内容，以在适当程度上固化物业服务企业的最低服务标准。

六、关于在办法中体现我市地方特色

我市正在积极开展城乡清洁活动，建设中国水城，因此，建议在办法中增加能够体现我市地方特色，并能提高我市停车场管理质量的一些规定。如鼓励建设生态型停车场，将办法的适用地区扩展到城市外围的旅游景区等。

七、关于立法技术

目前办法中有较多列举性规定，但随着社会的发展、停车环境及停车需求的不断变化，列举性规定将难以穷尽各种停车现象，导致立法上的疏漏或空白，因此，建议根据现有社会状况和两年来的执法实践经验，在办法中增补一些新的列举性事项，删除一些限制性条款，并预留兜底性词、句，以使立法更具有自我调适性和相对稳定性。

此外，目前办法对一些具体事项的规定较为分散，不利于理解和执行，因此，建议将具有逻辑上联系的相关条款进行整合，统一规定在同一条文或相邻的条文中，以使办法更利于理解和执行。

实践案例二

修改草案的说明

关于《XX 市历史文化街区和历史建筑保护条例（修改草案）》的说明

一、立法必要性

历史遗迹、文化遗迹、人文底蕴，都是一座城市不可或缺的部分。历史文化街区和历史建筑作为历史文化遗产的重要组成部分，充分体现了我市的历史文化底蕴，也受到市委、市政府的高度重视。到现在为止，全市已核定公布 6 片历史文化街区，110 处历史建筑。

《XX 市历史街区保护管理条例》（以下简称现行条例）于 2014 年 8 月 2 日由市人民代表大会常务委员会公布实施，现行条例自颁布施行以来，为我市历史街区保护管理发挥了重要作用。但经过多年的实施，其中的某些条款并不能很好地与历史文化街区保护管理相匹配，其中包括：伴随着我国对历史文化街区保护法律法规和政策的逐步健全，现行条例规定涉及的一些历史街区已获自治区政府批复为历史文化街区，我市历史文化街区在数量、保护范围以及相关的保护法规完善等方面都存在不足之处；因 2019 年我市政府机构改革，涉及的相关牵头及责任部门名称已发生变化，负责历史文化街区和历史建筑保护管理工作的部门也由原规划主管部门转变为住房和城乡建设部门。此外，《历史文化名城名镇名村保护条例》于2017年修订后，本市现有法规中的街道地名与国家标准也有一定差异。按照申办国家历史文化名城保护的相关工作的需要，为了更好地对历史文化街区和历史建筑的保护工作进行维护，因此对当前的规定进行了修订和完善，从而对全市的城市历史风貌进行了有效的维护，推动了全市的城市建设与社会文化的和谐发展。

二、立法依据和参考资料

立法依据主要有《中华人民共和国文物保护法》《历史文化名城名镇名村保护条例》等法律法规，同时参考了住建部《历史文化名城名镇名村保护规划编制审批办法》等规定，还借鉴参考了佛山、湘潭、江门、随州、绵阳、钦州、北海等地的立法经验。

三、立法过程

《XX市历史街区保护管理条例（修改草案）》是市人大常委会2021年立法工作计划的法规审议项目，由市住建局负责起草。市住建局起草了《XX市历史文化街区和历史建筑保护条例（修改草案送审稿）》报送市司法局进行审查。市司法局组织市住建局对草案送审稿进行了讨论修改，形成《XX市历史文化街区和历史建筑保护条例（修改草案征求意见稿）》，按照立法程序广泛征求意见。在此基础上，市司法局修改形成《XX市历史文化街区和历史建筑保护条例（修改草案专家论证稿）》以下简称条例（修改草案专家论证稿）。

四、条例（修改草案专家论证稿）的总体框架和主要内容

条例（修改草案专家论证稿）共六章四十条，主要内容有：

第一章　总则，主要对立法目的和依据、适用范围、各级政府及其相关部门职责、专项资金、宣传教育、社会参与等内容作出规定；

第二章　申报核定，主要对历史文化街区和历史建筑的申报条件和核定、确定程序，保护标识、预先保护措施等内容作出规定；

第三章　保护措施，主要对历史文化街区和历史建筑的保护规划、保护措施、维护修缮要求以及历史建筑保护责任人等内容作出规定；

第四章　管理利用，主要对历史文化街区和历史建筑的动态管理和检查评估、历史文化街区基础设施的完善以及历史文化街区和历史建筑的合理利用等内容作出规定；

第五章　法律责任，主要对违反本条例规定的违法行为设定相应的法律责任；

第六章　附则，主要对条例施行时间作出规定。

五、需要说明的主要问题

（一）关于条例名称

在市人大常委会2021年度立法工作计划中，本立法项目的名称为《XX市历史街区保护管理条例（修改草案）》，起草单位在起草过程中，将立法草案的名称修改为《XX市历史文化街区和历史建筑保护条例（修改草案）》。这主要是考虑到：第一，现行条例规定涉及的一些历史街区已获自治区政府批复为历史文化街区，将“历史街区”修改为“历史文化街区”，确保表述与上位法和实际情况保持一致；第二，鉴于历史建筑和历史文化街区的保护同等重要，此次修改增加了不少关于历史建筑保护的条款，因此在标题增加了“历史建筑”的表述；第三，参考外地立法，名称中删除“管理”二字，更凸显严格保护历史文化街区和历史建筑的立法目的。

（二）关于历史文化街区和历史建筑的定义

关于历史文化街区和历史建筑的定义，在国务院《历史文化名城名镇名村保护条例》中已有规定，条例（修改草案专家论证稿）沿用上位法的相关定义，不再单独对历史文化街区和历史建筑进行定义。同时，考虑到我市核定公布的历史文化街区已增加至六条，除了“三街两巷”历史文化街区之外，还有中山路历史文化街区、蒲庙老街历史文化街区、陈东村历史文化街区、宾州古城历史文化街区、雁江古镇历史文化街区，此次修改也作了相应修改。

（三）关于历史文化街区和历史建筑的管理体制

在管理体制方面，现行条例未明确历史文化街区和历史建筑的主管部门，仅规定“市人民政府设立的历史街区保护管理机构负责统筹协调和监督指导历史街区保护管理工作。历史街区所在地的县（区）人民政府及其确定的机构负责历史街区日常保护管理工作”。据了解，现行条例施行至今，不管是市级还是历史街区所在地的县（区）均未设立或者确定专门的历史街区保护管理机构，经起草单位与编制部门沟通，单独设立专门的历史街区保护管理机构难度较大，且2019年政府机构改革后，负责历史文化街区和历史建筑保护管理工作的部门已由原规划主管部门转变为住房和城乡建设部门。据此，此次修改重新理顺了历史文化街区和历史建筑的管理体制。一是明确市、县（市、区）人民政府应当加强对历史文化街区和历史建筑保护工作的领导，统筹协调历史文化街区和历史建筑保护工作中的重大事项。乡（镇）人民政府、街道办事处负责做好本辖区范围内历史文化街区和历史建筑保护的日常巡查和协助现场保护工作（第四条）。二是明确住房和城乡建设部门为主管部门，负责本行政区域内历史文化街区和历史建筑的保护和监督管理工作。自然资源、文化广电和旅游、市政和园林等部门以及消防救援机构按照各自职责权限做好相关工作（第五条）。

（四）关于历史文化街区和历史建筑的申报核定

条例（修改草案专家论证稿）第二章“申报核定”分别对历史文化街区和历史建筑的申报条件和核定、确定程序等作出了详细规定。关于历史建筑的年份，条例（修改草案专家论证稿）删除了“历史街区内建成30年以上”的规定，这主要是考虑到国务院《历史文化名城名镇名村保护条例》关于历史建筑的定义没有年份的要求；住建部办公厅《关于进一步加强历史文化街区和历史建筑保护工作的通知》（建办科〔2021〕2号），在有关历史文化街区和历史建筑确定标准（参考）中对历史建筑的确定标准为“具有突出的历史文化价值”

“具有较高的建筑艺术特征”“具有一定的科学文化价值”和“具有其他价值特色”，也未对历史建筑的年份作具体要求，因此，此次修改删除了“历史街区内建成30年以上”的规定。同时，为减少准保护对象被破坏的可能性，增加了对具有保护价值但尚未确定为历史建筑的建筑物、构筑物的预先保护措施的规定（第九条至第十四条）。

（五）关于历史文化街区和历史建筑的保护措施

条例（修改草案专家论证稿）第三章“保护措施”分别对历史文化街区的保护规划编制程序和内容、核心保护范围保护要求、建设控制地带的建设控制要求、修缮、街道名称变更等内容作出具体规定；对历史建筑的保护规划、保护措施、保护责任人确定及其职责、维护修缮要求等内容作出具体规定（第十五条至第二十八条）。

（六）关于历史文化街区和历史建筑的管理利用

条例（修改草案专家论证稿）第四章“管理利用”保留现行条例关于设置非物质文化遗产展示区和业态布局要求的规定，并增加了合理利用原则、历史文化元素收集与整理、公益性利用和特色经营活动、旅游资源品牌打造等内容，确保在保护好本市历史文化街区与历史建筑的前提下能够充分发扬历史传统文化、促进历史文化的传承发展（第二十九条至第三十六条）。

（七）关于法律责任

条例（修改草案专家论证稿）第五章是关于法律责任的规定，主要是对违反本条例规定但上位法未设置法律责任的行为作出处罚规定。

第五章 地方立法公众参与实践效果及建议

在国家顶层设计上，《中华人民共和国立法法》首次将立法机关在制定法规时能够听取民意以法律的形式进行了明确规定。其后宪法修正案中又新增一条以明确其宪法地位。改革开放以来，我国开创性地实施了公开征集意见、立法论证、立法听证、立法前评估、立法旁听、立法后评估等多种形式的公众参与地方立法的途径或机制，成效很显著。为了指引各地方立法机关实践，各地也进行了细化规定。深圳市率先出台了我国首部地方立法听证的地方性法规《深圳市人民代表大会常务委员会听证条例》，以法律条文的形式有力地保障了公众参与地方听证过程的程序规范；湖北省针对公众参与问题，深入调研了农民对关系自身利益的地方性法规的了解程度，明确农民群体对地方立法相关情况的了解，是法治中国发展必不可少的力量；广州市创新地为公众参与颁布了立法指南，这份指南全面地向公众描述了地方立法的公众参与途径、可以参与的公众范围以及公众参与的方式。在近年实践中，也有越来越多的地方立法机关选择将互联网方式作为公众参与立法的手段，使用网络在线的方式征集立法草案，进行直播立法听证活动。

我国地方立法中的参与式民主已经得到普遍推广，但是也存在一些不足，仍处于公众参与层次不高、参与效果有待提升的象征性参与层次。地方立法中的参与式民主模式也仍然存在诸多问题，如省人大常委会的相关制度设计主要停留在没有法律效力的内部程序规则层面，导致公众参与地方立法的规范性较弱；又如涉及公众参与地方立法的权利规定较弱，与强势的立法决策权规定不成比例，公众参与权没有被认可为影响立法决策的重要权力，从而导致即便公众参与地方立法的意识提高了，但积极性并不乐观。因此，我国地方立法中的公众参与模式亟需转型，进一步提升公众参与的效率水平，建立增强型的公众参与权保障与实现机制，逐步向立法协商式的公众参与地方立法模式转换。

一、公众参与实践效果

（一）取得成效

地方立法中公众参与的诸多创新举措，为各级人大常委会在本行政区域内推广相关举措并实现规范化、制度化提供了难得的实践样本。总的说来，公众参与地方立法规范化、制度化的做法是由人大常委会牵头成立特定的协调组织或机构，并建立起一套完整的内部规则运转体系，甚至上升到地方性法规层面。

成立地方立法调研、考察、咨询的各级人大常委会对口咨询基地，组建地方立法基地高校联盟，建立基层立法联系点，都是创新地方民主立法、科学立法的一项重要制度措施，都是立法工作的重中之重。有些人大常委会主任会议还出台了《地方立法调研评估和咨询服务基地工作规定》，明确高校主要是参与和组织人大常委会委托开展的法规起草、评估、听证、调研、理论研究、信息收集等活动。高等院校设立对应的地方立法研究评估与咨询服务基地，受委托的地方立法基地高校联盟的高校立法基地起草专家建议稿，并进行评价，吸取切实可行的制度，从而最大限度地发挥专家学者在立法中的作用。

为公众有序参与当地立法工作提供便利渠道的基层立法联系点，是各级人大常委会加强立法联系、进行民意收集、加强与社会公众信息沟通的又一套制度平台，成效显著。这些来自最基层的意见建议被悉数反馈给人大常委会作为相应立法工作的重要参考。

（二）公众参与立法实效存在的不足

1. 从整体上看，当前我国的公众参与更多的是一种自上而下的、由有立法机关主导的体制安排，对公众参与的范围和方式无论是在实体还是程序上均缺乏刚性的规范，导致了当前我国的公众参与存在“浅尝辄止”现象。而且，从社会学的角度来看，对于那些他们并不知道的事情，大部分人都是沉默的。学者按公众参与的态度和习惯，将公众分为“普通公众”和“关心公众”。

2. 从实践效果角度来看，重点关注以大众的方式进行的活动。因为公众参与乃至民主立法具有自上而下推动的特征，所以在实际工作中，人们对公众参与立法所提的意见和建议，对立法参与的效果也无从跟踪。从最终的效果来看，其没有得到采纳以及反馈机制作用下的明确回应，公众会认为意见没有得到重视，这在某种程度上也会影响公众继续参与的热情。正如前面所说，制定、修订法规、规章时，在有权立法机关的主导下，公众的观点和常务委员会委员、政府部门的观点是“重合”的，也可以同时修订；对于那些没有被常务委员会委员们采纳的“新的意见”，他们将不得不进行一次调查，以证明其合理性和有效性。但是，在立法听证会上，如果更多的意见得到了采纳，甚至还包含了如果一项法规、规章被发布之后，媒体对某个条款产生了强烈的兴趣，并引起了社会公众的广泛讨论，那么对这一条款的修订就会变得更为谨慎，这都体现出了意见表达的开放性和参与效果的正相关关系，也为我们如何提升公众参与的立法效能提供了一条切实可行的途径。

二、公众参与立法实效提升建议

本章立足地方实际，从制度、体制和工作机制角度对构建立法工作公众参与新格局提出如下建议。

（一）健全地方立法公开规范体系

立法信息来源的广泛、公正与透明程度，会直接影响公众参与成效以及最终立法的质量。如果参与者不能在充足的时间保障下获得充分信息，那么公众对立法规划、草案会面临无从着手的窘境，更不可能形成科学评价的能力，地方立法公众参与就不可能起到建设性的作用。只有充分地了解与掌握立法信息，才能作为实质参与者较为全面、客观地对立法活动发挥智识，推动参与立法向协商立法的转变。

1. 健全地方立法公开规范体系

鉴于目前我国各地立法中存在的信息不够充分等问题，亟待构建我国立法信息公开体系，参照《政府信息公开条例》，提出以下几点改进意见：一是拓宽我国立法议案的适用范围，积极开展立法议案的征集工作；二是通过公布立法计划、年度立法方案等方式，让社会大众在源头就有参与的机会；三是对当地的法律法规进行充分的公开，不但要公开法规、条例的草稿，还要公开立法的背景、起草说明、重要制度设计的原因以及争论；四是要实行立法议事的公开化，除将会议的时间、地点、议程和结果等公布外，还应该让社会大众参与，以提高立法的透明度。制定公开民意调查结果的通报制度，回应公开意见被接受和获得采纳的理由，这些完善建议归结起来就是要实现立法信息公开的规范化、制度化和常态化，从而为保障和落实公众参与立法信息的知情权利提供重要的制度支撑。

2. 修改和完善地方立法公开程序规则

通过修改和完善地方立法程序规则、制定专门的地方立法公开办法和立法听证规则或旁听规定等方式，全面保障社会公众的知情权、参与权、表达权和监督权等系列民主权利，以进一步提升两级地方性法规的立法质量与水平。

将公民立法建议权写入地方立法程序规则，如有些地方人大常委会颁布实施人民代表大会常务委员会关于制定地方性法规程序的暂行规定，对法规的草拟、协调、初审、审议批准、颁布、备案、修改、废止等程序作出具体规定，从而使地方立法工作开始走向规范化、程序化。颁布实施的《人民代表大会常务委员会制定地方性法规规定》第六条规定“凡国家机关、政党、人民团体、社会组织和公民制定地方性法规的建议和意见，可以向人民代表大会常务委员会提出”，首次在地方性法规中明确并保证了以立法建议权形式存在的公众参与问题，早于全国人大 2000 年 3 月 15 日审议通过的《中华人民共和国立法法》第九十条关于公民立法建议权的法律规定。

3. 建立开放的立法项目机制

如前所述，地方立法年度计划立项项目来源单一，地方人大在立项环节主要参考政府部门工作重点导向影响。其主要弊端，是容易忽视社会的公共立法需求，立法可能过多充当事后救急补缺的角色，地方人大立法监督、约束政府权力的指引与预防作用受到抑制，在立法与行政关系权力配置落实错位的情况下，社会公众立法需求无法落实，立法参与的意见建议更无法体现真正的价值。为此，改进建议如下：

（1）将立项过程向社会公开。征集立法项目不仅面向政府及其部门、事业单位、人民团体等单位，还要面向社会公众，了解公众对立法的需要，并尽可能将公众立法需求列为立法议题。这样做，不仅是立项民主的需要，也为法规通过后在实施中获得社会认同奠定基础。

（2）建立常态化的立项建议征集处理渠道。社会公众提出立法建议没有常态的反馈机制，许多立法建议提出后转交相关部门工作人员，因没有制度化的公众立项建议收集处理机制，这些立项建议往往是石沉大海。因此，可以建立公众立项建议征集处理渠道，如在网站开通立项征集栏目等，让公众随时根据自己的意愿提出相关设想，并落实人大内部接受处理公众立项建议的部门，将公众随时提出的立项建议定期向人大代表、常委会组成人员印发，将公众立法建议作为立项的重要参考。

（3）建立开放的立项筛选论证机制。改变立项论证环节，主要由有关专门委员会、法工委、政府法制综合机构共同研究并提出初步立项意见，这是一种相对封闭的立项论证。在初步形成立项框架设计的情况下，避免此后再向社会公开征集意见难以改变的情况。现阶段较为可行的做法是在立项论证环节听取全体人大代表的意见，由全体人大代表代表全体市民对立项建议进行排序，从中选出公认最需要立法的项目，在此基础上，立项筛选论证的参与范围逐步扩大到专家、市民。

（二）拓宽参与范围

拓宽地方立法的参与范围，不仅要充分发挥公民个人的作用，还应积极引导社会组织的参与，并将其纳入地方立法的程序中，既要使民众个体的利益得到最大程度的体现，又要使民间团体、组织的利益得到最大程度的体现。在法律草案的起草阶段和审议阶段，加强社会组织的参与度，积极发挥社会组织的作用，充分发挥社会组织的力量，以确保其意见能够更好地反映社会实际情况。社会组织参与有三个方面的优势：首先，与非组织化的个人参与相比，社会组织参与更能证明其代表特定群体利益及分散参与人讨论的主题，这一点使其成为有效的集体行动者；其次，由于社会组织拥有更多的集体行动者，因此可以有效地提高参与过程的效率，使其能够更快地完成立法程序；最后，由于社会组织掌握着比个体更丰富的物质、信息、人力、智力等立法资源，深谙立法程序和公众的立法权力以及如何行使权利。具有较强的组织性，因此，社会组织可以发挥其具有的影响力和感召力，更有效地表达他们的“组织性意见”，通过意见表达使立法规范设定的思考更理性，从而达到更好的社会治理效果。通过社会组织的主动参与，可以让公众的参与更加广泛、有序和有效，从而更好地发挥其在社会管理中的作用。此外，社会组织主动参与还可以促进公共行政的民主化和法治化，这也有助于提升公众参与社会管理的有效性。它还有助于培养一种超越个人利害关系的当代公众精神，这种精神可以在个人与社会之间建立起一种相互尊重的关系，以实现共同利益和共同责任。为了解决公众在地方立法中缺乏组织性参与问题，应从利用好现有的社会组织和培育新的参与立法的社会组织两个层面展开。一是充分发挥现有社会组织的作用，建立健全参与地方立法的组织机制，开展多种形式的活动，如建立包含组织代表在内的立法咨询委员会，建立以高校、律所为代表的立法基地，成立由行业组织代表参加的志愿者团队等；二是培育新的参与立法的社会组织，加大对这些新加入地方立法过程中的社会组织的支持力度，使他们能够有效地发挥作用。

针对不同的社会组织，政府应当积极地发挥作用，完善相关法律法规，建立一套完善的权益表达机制和渠道，以实现不同社会组织的权益诉求。同时，也要建立起一种新型的平台，以保证各社会组织能够有效地进行表达和沟通。要积极利用现有的公共组织在地方立法中的功能，要充分发挥现有公共组织在地方立法中的重要作用，加强对公共组织参与立法活动的支持，推动其有效履行职责。结合实际情况，深入研究各方面的意见，把握团体、组织各方的利益关系，采取有效措施，保障立法质量，以有效地响应公众对地方立法的需求，并将其价值和意义进行深度挖掘，使团体、组织意见在地方立法中起到最大程度的作用，从而使政府的立法活动能够更好地满足人民的利益诉求。还要对社会组织如企业家协会、个体工商业者协会、环保组织、消费者权益保护协会等进行有效的发掘，让他们在地方立法中发挥出最大的作用；同时，也要加强对社会组织的管理，促进他们在地方立法中发挥积极的作用。另外，对社会组织、行业协会或专业组织进行积极培育，以提高它们在当地的发展和参与地方立法工作的能力，使其不仅具备相关的法律知识，还要有较强的沟通协调能力，具备敏锐的观察能力，能够在复杂环境下清晰地表达自己的想法，以及分析问题、解决问题的能力，在立法的参与过程中，在把握组织全局的基础上找准利益需求点，发挥意见精练准确表达作用，更好地发挥立法对各方利益需求的协调作用。

（三）提高有效途径

公众有效参与必须具备三个基本条件：首先，必须有一个合适的参与渠道和恰当的参与方法，以保证公众能够有效地表达自己的意见和建议，并积极参与到地方立法活动中；其次，应该有一种积极的参与意愿，以支持立法机关作出有利于公众利益的立法决策；最后，必须具有一定的参与能力，以确保立法机关能够准确地把握公众需求，从而更好地满足公众需求。

要充分发挥社会公众的作用，促进社会公众的积极参加，具体的形式多种多样。法律规定的参与形式包括书面征求意见、座谈会、论证会和听证会等四种。书面征求意见是指向受影响的公众发出通知，要求他们就特定的问题提出自己的观点，并提交相关的材料；座谈会是指组织一系列相关人员参与讨论，就特定问题进行分析讨论，得出结论并形成结论；论证会是指根据一定的程序和标准，邀请专家、学者等参加会议，就特定问题发表意见、研究讨论，以得出结论并形成结论；听证会则是指在一定时间内举行公开听证会，就特定问题举行论证会，以得出结论并形成结论。其中，立法座谈会的优点在于征求意见对象与立法起草者、审核者能够面对面进行深度的、充分的交流，较为直接，但征求意见对象多是立法机关代表及专家学者，立法项目的利益相关者相对较少，导致征求意见不能充分反映各阶层的利益，具有片面性。立法论证会则一般邀请高校、科研机构的专家学者、律师、法律顾问等参加。

另外，建议建立地方人民代表大会组织（下简称地方人大）的多元法规起草机制。实践中政府部门起草法规、规章已成常态并不罕见，政府在形成立项方案及规范内容上有专业优势和资源优势，但其弊端也日益显现。尤其是起草的法规、规章中为通过立法确定性、授权性规范争取权力、部门利益，对责任推诿扯皮，导致法规、规章在起草阶段就存在着先天性的质量缺失，进而影响到整个后续立法过程及其质量。地方人大自身权力配置中立法属于本职工作组织立法起草有其现实可能性，充分发挥其拥有的组织性资源，由其牵头组织某方面的立法起草应当说在专业性问题的判断上有明显的优势。为此，本章建议：

1. 建立重要法规由地方人大有关委员会组织、牵头，多元主体参加的立法起草工作机制。这里的多元，强调的是除政府部门之外多方主体对法规草案起草的参与。具体工作方式上，既可以成立由实践中立法工作政府部门、政府法制办、专门委员会、法工委作为中坚力量共同组成的起草小组；还可以发挥委托起草不受部门利益的局限、专业性强、较为超脱的优势，委托专家学者、科研机构成立起草小组，进行某个法案或者法案某个章节、某项制度的起草工作。无论哪种方式，都由地方人大有关委员会作为起草组的组织者、负责者，主导立法起草指导思想、框架设计，对法规起草过程中的问题进行协调，对起草稿是否成熟进行论证，并判断何时可以提出立法议案，而具体的专业制度设计可仍由政府部门为主提出建议方案。

2. 发挥社会公众、专家以及社会组织在法规起草中的作用。除了吸收专家以及有关科研机构等直接参加起草小组，或者受委托承担起草任务外，可将法规起草过程中听取利益相关方意见、利益相关行业组织意见作为起草环节的必经程序，以便公共立法需求在政策方案酝酿阶段就有所表达和反映。相应地，在法规草案提交地方人大审议时，应当将起草过程中社会公众、社会组织参与的情况以及聚焦的问题向地方人大及其常委会作出说明。

（四）健全反馈制度

由于缺乏健全的地方立法公众参与意见发表后的采纳过程、论证过程公开等反馈制度，因此，存在一些不良效果。如在一些立法的实际操作中，立法制定机关工作人员以经验式结果为导向下定决心要实施某种法规、规章，即便是通过了民意调查，也很难做出什么实质性的改变，只是为了应付一下。在部分立法实践中，其实决策者早已决定执行某个地方性法规、规章条款，对组织、个人这些行政相对人用特定行为加强管理而施加手段、方法上的限制，即使经过公众参与的评估，往往也很难再有重大修改，只不过是走个过场。虽然人民群众在地方立法中发挥着重要的作用，但是由于其参与程度不高，其作用并不明显，主要体现在形式上，而非实质上。按照谢利·安斯廷的《公民参与的阶梯》中对公众参与的深度划分进行了归类，当前，开放立法是一种有必要的制度，但在实践中，它只能起到告知作用，在实际操作过程中，它仍然处于一种象征意义上的参与状态。在实践中，公众参与制度受到了重视，但由于各种因素的影响，它仍然存在着许多问题，无法得到有效的实施。通过对机关开门立法全程进行考察，发现其存在“前期重征集，中期轻处置，后期难吸纳”的状况。即在前期广泛征求意见的过程中，忽略了对相关意见进行深入的分析和研究，而在中期未能及时作出有效处理，后期缺乏对意见进行吸纳反馈的机制，从而使征求意见无法发挥应有的作用。在这一现状中，立法机关错误地将开门立法的重心前倾而非后置，把吸收民意工作当成收集民意的附属，实际上已经被架空了，使得开门立法的目的难以实现。在开门立法的实践中，机构采取了大张旗鼓征求意见的方式，而且在重要的意见吸纳阶段，往往没有对收集到的意见进行解释和公布，这就意味着机关已经摆脱了公众监督，立法民意极有可能遭受不公正的对待。因此，在开门立法实践中，机构应当尽可能地采取更加有效的措施，健全反馈制度，加强公众监督，以保证立法民意得到公正对待，要想使公众参与制度发挥更大的作用，就需要不断完善和改进其实施过程。

在制定地方立法的程序中，应当采用多种收集整理、分析论证的方式，充分考虑各种因素，根据地方实际情况和立法要求，有针对性地提出必要的答复、解释和处理意见，以便最终形成符合地方实际需要的地方立法。其内容主要是关于公众意见征集的基本情况，公众意见被采纳的情况，以及没有被采纳的原因。公众意见征集基本情况主要是为了收集公众对立法涉及规范的某些事件或规范条款涉及行政管理行为、权利义务设定的看法，由于立法规定或立法规范所涉事件可能涉及多个利益群体，因此，为了确保政策或事件能够真正得到落实，就需要征集利益相关各方主体的公众意见，对这些看法进行归纳、梳理和总结后进行反馈。此外，公众意见被采纳的情况也是评估地方立法规范是否有效的重要依据之一。由于收集到的意见可能会因为各种原因而未被采纳，要及时发现原因并采取有效措施来解决问题，帮助提高公众参与采纳率，以免影响公众参与的积极性。健全反馈制度具有其必要性，一般来说，有两种不同的反馈形式，即集中专门化的回复和概括式的回复。集中专门化的回复是指在回答公众意见采纳与否问题时，单独回应或逐一回应有具体的针对性，把问题归纳总结，给出明确的答案，可以通过信件、邮件、电话、短信、传真等方式通知与会者接受或解释不接受公众意见的原因。概括式的回复是指在回答公众参与立法意见是否采纳问题时，不给出具体答案，而是给出一个概括性的答案，一般通过媒体、网络、编印简报，或者在编写说明和审核、审议报告时，对通报、说明或报告对社会的意见和建议进行集中概括。

（五）建立激励机制

有学者认为，在参加当地的立法制定过程中，绝大部分民众只关注那些对他们的权利和义务有直接影响的法律草案，而对那些具有前瞻性、全局性的立法草案或立法规划缺乏参与的热情，没有意识到往往正是这些法律会对社会生活产生深远影响。实际上，公众参与地方立法的有效运作依赖公民意识养成的自觉行动。公民意识指的是以宪法和法律所规定的最为基本的权利和义务为其基本内容，以自己在国家的政治和社会生活中的主体地位为其思想源泉，将主人翁的责任感、使命感与权利和义务的观念相联系，对自己在国家中的位置进行评价所形成的自我认知。只有具备了公民意识，公众才能通过理性、自由、公开的交际，同他人一起讨论共同关心的重要社会问题。对于地方立法来说，地方立法的区域性使得公众的参与性更有意义，所以特别重要的是要培养公民的自觉意识。影响公众参与地方立法意愿的原因除了观念层面的因素外，还有现实成本的因素；公众参与地方立法提出合理建议，需要有足够的知识储备形成社会经验，也需要投入一定的时间和精力成本。

对于公民个体而言，立法所保护的利益是一个抽象和间接的概念，它的投入并不必然会带来直接的收益，但是，参与立法也是一种促进公共利益实现的行动，它是推动民主立法不可或缺的一个环节。为提高市民在当地立法中的积极性，我们从以下两个角度提出相应的政策和建议：

1. 要加强公众参与的推力，通过立法机关吸收立法民意，可以有效提升立法的效率，从而促进公众参与立法的积极性。这种反向助推的作用可以有效地提高立法过程中的民主性，从而使公众能够更快地甄别哪些是有效的立法建议，更加有动力地参与到立法中来。这就需要立法机关健全相应的制度，充分考虑到社会上的各种意见，以便确保公众在立法过程中有更多的参与，并且可以得到充分的理解和支持。同时，立法机关也要审慎地看待立法舆论，尽可能地满足社会对立法的要求，从而最大程度实现公众参与预期。有学者甚至提出赋予参与地方立法的公众一定形式的否决权。即对于接受度较低、争议较大的内容，持反对意见的公众代表在达到一定数额或比例的情形下，可以对立法草案中的部分条款提出否决权，这将会极大地提高公众对地方立法的参与程度。通过公共途径来激励民众参与地方立法，还必须从公众的视角出发，以克服公众参与地方立法的现实问题为导向，找准宣传工作的着力点。

2. 要减少公众参与的阻力。如果立法机关采取措施弥补参与成本，则可以更好地解决公众参与阻力的问题。比如，立法机关可以提供更多的信息、更多的资源以及更多的财政支持，以保证公众能够及时了解到法规、规章制定事项相关信息、解决地方立法参与费用，从而使他们更好地参与到地方立法中来。此外，立法机关还可以考虑提供更多的立法调研服务，以帮助公众解决调研过程中的实际问题。

总之，立法机关采取措施弥补参与成本，可以让公众有更多机会参与，从而使他们更加积极地参与到地方立法中来。地方立法征询的问题的设计与参与公民个人相关的问题，能够起到鼓励和引导公众真正关心和思考的作用，鼓励参加的民众提出合理的、负责任的建议。除了给予一定的物质奖励外，为了提高参与立法的积极性，可以对那些主动提交了立法建议的参与者给予精神奖励。这些奖励不仅可以提高参与者的荣誉意识，而且可以激励他们积极参与，从而更好地参与到立法活动中来。此外，还可以鼓励他们在社交媒体上宣传自己的建议，以及传播社会正能量，让更多的人了解立法活动的重要性和价值。

结　语

我国法律制度建设中一个永不落幕的主题就是提高立法质量。要最大限度地实现制定“良法”的目的，就必须有一个科学的立法制定程序和方法、一个切中要害的制度设计和一套完善的法律表述技术，而要做到这一点，就必须有一个明确的法律规定，保障利益相关者充分发挥其角色和功能，以便他们能够有效地参与到有权立法机关制定的法规、规章中，从而实现公众参与意见的表达。同时，也必须有一个积极、高效的参与途径来确保地方立法能够被公众接受，使法规、规章的实施能够达到预期的效果。在此基础上，本章将公开征求意见、立法调研、立法论证、立法听证和基层立法联系点等参与方式在当前地方立法的具体实施中所发挥的作用作为分析的出发点，从立法准备阶段、立法程序阶段和立法完善阶段对公众参与地方立法的方式、参与的方向和思路进行论述，并以笔者受邀参加地方立法活动不同阶段中从专业视角出发涉及的意见、建议工作文稿作为辅助案例，通过论述和指引，以期使公众参与得其门而遁入的同时，提高地方立法参与的质量。通过对该研究的经验分析，我们发现，在当前的立法过程中，有关参与途径起到的作用并不尽如人意。一方面，有关立法机构没有充分考虑社会公众的意见和建议，使他们未能在开门立法过程中发挥应有的作用；另一方面，有关立法机构也没有充分考虑公众参与的重要性，没有为公众提供更多的参与机会。因此，我们必须重视公众参与在立法过程中所发挥的作用，积极探索有效的途径和方式，以充分发挥公众参与在立法过程中的作用。虽然立法机关已经认识到公众参与的重要性，但是由于其反应不足，以及缺乏有效的激励机制，使得地方立法的参与效果仍然受到制约，这也是导致公众参与效果不理想的原因之一。

在写作本书的同时，《中华人民共和国立法法》第二次修正在第十四届全国人民代表大会第一次会议上获得通过，此次修正的内容，是对发展全过程人民民主的重大理念和要求进行落实并总结，改进相关的公众参与立法制度和规范，确保在立法工作的每一个阶段都能听到人民的呼声，能够更多地了解基层的现状，以及基层所面临的问题；在立法过程中能够更加公开透明，让公众能够更好地参与到立法工作中；以一种积极的态度，认真回应人民群众的新要求、新期待，坚持“以人民为中心”的思想，不断完善和改进公民立法参与工作，全面落实并反映公众对全过程人民民主的重要意义，对科学立法、民主立法和依法立法作出新的明确规定。

古语有言：路漫漫其修远兮，吾将上下而求索，这本书仅仅是笔者从地方立法实践工作的视角所做的粗浅的研究，对许多问题的研究还处在从定性的纵深研究拓展至定量的多种研究方法检验的状态，数据收集归纳整理后的兼顾社会学、统计学的法律实证研究方法运用仍有待进一步推进，任重而道远，期待大家的批评指正，存在不足之处将继续深入开展研究、完善成果。

参考文献

著作部分:

1. 汪全胜. 立法听证研究[M]. 北京:北京大学出版社,2003.

2. 王周户. 公众参与的理论与实践[M]. 北京:法律出版社,2011.

3. 周旺生. 立法学[M]. 北京:法律出版社,2009.

4. 周旺生. 立法论[M]. 北京:北京大学出版社,1994.

5. 陈公雨. 地方立法十三讲[M]. 北京:中国法制出版社,2015.

6. 宋月红,方伟. 城市立法与公民参与[M]. 北京:中国社会出版社,2010.

7. 蔡定剑. 公众参与——风险社会的制度建设[M]. 北京:法律出版社,2009.

8. 李林. 立法过程中的公众参与[M]. 北京:中国社会科学出版社,2009.

9. 杨雪冬,陈家刚. 立法听证与地方治理改革[M]. 北京:中央编译出版社,2004.

10. 王锡锌. 行政过程公众参与的制度实践[M]. 北京:中国法制出版社,2008.

11. 汤唯,毕可志. 地方立法民主化和科学化构想[M]. 北京:北京大学出版社,2006.

12. 李拓. 中外公众参与体制比较[M]. 北京:国家行政学院出版社,2010.

13. 蔡定剑,尚英. 国外公众参与立法[M]. 北京:法律出版社,2005.

14. 黄文扬. 国内外民主理论概要[M]. 北京:中国人民大学出版

社,1990.

15. 卢梭．社会契约论[M]．李平沤,译．北京:商务印书馆,2011.

16. 孟德斯鸠．论法的精神[M]．张雁深,译．北京:商务印书馆,1961.

17. 卡罗尔·佩特曼．参与和民主理论[M]．陈尧,译．上海:上海人民出版社,2012.

18. 斯科特·戈登．控制国家[M]．应奇,等译．南京:江苏人民出版社,2001.

19. 乔·萨托利．民主新论[M]．冯克利,阎克文,译．上海:上海人民出版社,2008.

20. 黄洪旺．立法公众参与研究[M]．福州:福建人民出版社,2015.

21. 王锡锌．行政过程中公众参与的制度实践[M]．北京:中国法制出版社,2007.

22. 李店标．立法公开研究[M]．长春:吉林大学出版社,2012.

23. 蔡定剑．国外公众参与立法[M]．北京:法律出版社,2005.

24. 尤尔根·哈贝马斯．交往行为理论[M]．曹卫东,译．上海:上海人民出版社,2004.

论文部分

1. 王群．立法公众参与的若干基本问题辨析[J]．人大研究,2023(1):41－44.

2. 许艺彤．设区的市立法:价值逻辑、过程规范与质量监督[J]．宁夏社会科学,2022(6):93－98.

3. 林秋萍,许可宁．考察、反刍与回应:地方立法后评估制度的研究——从289个设区的市立法后评估的法律文本分析切入[J]．人大研究,2022(11):21－27.

4. 朱最新．区域协同立法的运行模式与制度保障[J]．政法论丛,2022(4):141－150.

5. 邓佑文,陈正浩．论地方立法质量评估的法经济学标准[J]．惠州学院学报,2022,42(4):28－34.

6. 宋才发．地方立法的质量、困境与出路研究[J]．山东行政学院学报,2022(3):30－39.

7. 郑梦华．焦作市城乡一体化示范区失地农民就业影响因素研究[D].河南农业大学,2022.

8. 廖天雄．地方立法的重复问题及应对措施——基于对三地大气污染防治立法文件的考察[J]．宁波工程学院学报,2022,34(1):91－96.

9. 莫于川．公众参与行政立法是发展全过程人民民主的行政法治革新要义[J]．中国司法,2022(2):53－60.

10 金明,王婵．关于完善地方立法质量保障体系的思考[J]．理论学刊,2022(1):111－122.

11. 尤俊成．民主立法视角下公众参与立法的探析——以内蒙古自治区新立法权的设区的市为视角[J]．中国司法,2022(1):69－71.

12. 刘洪源,赵诗杨．设区的市立法地方特色问题研究[J]．贵州民族研究,2021,42(6):54－61.

13. 林秋萍．关于完善地方立法后评估制度的几点思考[J]．人民政坛,2021(11):28－29.

14. 李店标,冯向辉．地方立法评估指标体系研究[J]．求是学刊,2020,47(4):112－119.

15. 丁祖年,粟丹．地方立法精细化的内涵与路径[J]．地方立法研究,2020,5(4):15－28.

16. 王彦明,戴燕．新时代地方经济立法质量提升路径探讨——以成本效益分析方法的适用为中心[J]．兰州学刊,2020(5):69－80.

17. 王怡．认真对待公众舆论——从公众参与走向立法商谈[J]．政法论坛,2019,37(6):75－86.

18. 陈明,陈雄飞．公众参与政府立法问题探析——以贵州省为例[J]．中国司法,2019(9):61－68.

19. 曹晨旭．公众参与地方立法问题研究[D]．安徽财经大学,2017.

20. 刘文静．地方立法公众参与的循序推进[J]．地方立法研究,2016,1

(1).

21. 钱蓓蓓．日本行政法中的公众参与制度研究[J]．行政法学研究，2015(2).

22. 李志翀，赵海晶．国外公众参与地方立法的相关制度及其借鉴意义[J]．湖北行政学院学报，2005(5).

23. 顾爱平．公众参与地方立法的困境与对策[J]．江苏社会科学，2017(6).

24. 吴兴国．论我国公众参与地方立法的完善路径[J]．江西社会科学，2013，33(7).

25. 李建新．公众参与地方立法的局限[J]．河北法学，2018，36(3)：12－18.

26. 王子正，赵佳丽．地方立法的公众参与问题研究[J]．河北法学，2018，36(3)：19－32.

27. 余翼．对地方立法公众参与的思考[J]．湖南第一师范学院学报，2018，18(1)：77－80，90.

28. 杨成．在理想与现实之间：地方立法中的公众参与[J]．重庆理工大学学报(社会科学)，2018，32(1)：111－118.

29. 石东坡，王剑．制度化与法治化：公众立法参与的必然跃迁——以十份立法参与制度文本为基础[J]．地方立法研究，2017，2(5)：78－102.

30. 董兴佩．论行政立法的公众参与机制[J]．学术交流，2004(2)：44－47.

31. 佟吉清．论我国立法公众参与的法理基础[J]．河北法学，2002(5)：7－11.

32. 曹瀚予，汪全胜．大数据在地方立法公众参与中的应用[J]．电子政务，2018(10)：76－86.

33. 代水平．我国公众参与立法的现状、问题与对策[J]．辽宁师范大学学报(社会科学版)，2018，41(6)：26－31.

34. 张欣．我国立法电子参与有效性的提升——基于公众参与法律草案征求意见(2005—2016 年)的实证研究[J]. 法商研究,2018,35(2):71-82.

35. 冯玉军. 立法参与的理论与实践[J]. 河北法学,2018,36(3):2.

36. 冯玉军. 立法参与的制度设计与实施效果评估[J]. 河北法学,2018,36(3):2-11.

附录　有关立法方面的法律法规

中华人民共和国立法法

（2000年3月15日第九届全国人民代表大会第三次会议通过　根据2015年3月15日第十二届全国人民代表大会第三次会议《关于修改〈中华人民共和国立法法〉的决定》第一次修正　根据2023年3月13日第十四届全国人民代表大会第一次会议《关于修改〈中华人民共和国立法法〉的决定》第二次修正）

目录

第一章　总　则

第一条　为了规范立法活动，健全国家立法制度，提高立法质量，完善中国特色社会主义法律体系，发挥立法的引领和推动作用，保障和发展社会主义民主，全面推进依法治国，建设社会主义法治国家，根据宪法，制定本法。

第二条　法律、行政法规、地方性法规、自治条例和单行条例的制定、修改和废止，适用本法。

国务院部门规章和地方政府规章的制定、修改和废止，依照本法的有关规定执行。

第三条　立法应当坚持中国共产党的领导，坚持以马克思列宁主义、毛泽东思想、邓小平理论、“三个代表”重要思想、科学发展观、习近平新时代中国特色社会主义思想为指导，推进中国特色社会主义法治体系建设，保障在法治轨道上全面建设社会主义现代化国家。

第四条　立法应当坚持以经济建设为中心，坚持改革开放，贯彻新发展理念，保障以中国式现代化全面推进中华民族伟大复兴。

第五条　立法应当符合宪法的规定、原则和精神，依照法定的权限和程序，从国家整体利益出发，维护社会主义法制的统一、尊严、权威。

第六条　立法应当坚持和发展全过程人民民主，尊重和保障人权，保障和促进社会公平正义。

立法应当体现人民的意志，发扬社会主义民主，坚持立法公开，保障人民通过多种途径参与立法活动。

第七条　立法应当从实际出发，适应经济社会发展和全面深化改革的要求，科学合理地规定公民、法人和其他组织的权利与义务、国家机关的权力与责任。

法律规范应当明确、具体，具有针对性和可执行性。

第八条　立法应当倡导和弘扬社会主义核心价值观，坚持依法治国和以德治国相结合，铸牢中华民族共同体意识，推动社会主义精神文明建设。

第九条　立法应当适应改革需要，坚持在法治下推进改革和在改革中完善法治相统一，引导、推动、规范、保障相关改革，发挥法治在国家治理体系和治理能力现代化中的重要作用。

第二章　法　律

第一节　立法权限

第十条　全国人民代表大会和全国人民代表大会常务委员会根据宪法规定行使国家立法权。

全国人民代表大会制定和修改刑事、民事、国家机构的和其他的基本法律。

全国人民代表大会常务委员会制定和修改除应当由全国人民代表大会制定的法律以外的其他法律；在全国人民代表大会闭会期间，对全国人民代表大会制定的法律进行部分补充和修改，但是不得同该法律的基本原则相抵触。

全国人民代表大会可以授权全国人民代表大会常务委员会制定相关法律。

第十一条　下列事项只能制定法律：

（一）国家主权的事项；

（二）各级人民代表大会、人民政府、监察委员会、人民法院和人民检察院的产生、组织和职权；

（三）民族区域自治制度、特别行政区制度、基层群众自治制度；

（四）犯罪和刑罚；

（五）对公民政治权利的剥夺、限制人身自由的强制措施和处罚；

（六）税种的设立、税率的确定和税收征收管理等税收基本制度；

（七）对非国有财产的征收、征用；

（八）民事基本制度；

（九）基本经济制度以及财政、海关、金融和外贸的基本制度；

（十）诉讼制度和仲裁基本制度；

（十一）必须由全国人民代表大会及其常务委员会制定法律的其他

事项。

第十二条　本法第十一条规定的事项尚未制定法律的，全国人民代表大会及其常务委员会有权作出决定，授权国务院可以根据实际需要，对其中的部分事项先制定行政法规，但是有关犯罪和刑罚、对公民政治权利的剥夺和限制人身自由的强制措施和处罚、司法制度等事项除外。

第十三条　授权决定应当明确授权的目的、事项、范围、期限以及被授权机关实施授权决定应当遵循的原则等。

授权的期限不得超过五年，但是授权决定另有规定的除外。

被授权机关应当在授权期限届满的六个月以前，向授权机关报告授权决定实施的情况，并提出是否需要制定有关法律的意见；需要继续授权的，可以提出相关意见，由全国人民代表大会及其常务委员会决定。

第十四条　授权立法事项，经过实践检验，制定法律的条件成熟时，由全国人民代表大会及其常务委员会及时制定法律。法律制定后，相应立法事项的授权终止。

第十五条　被授权机关应当严格按照授权决定行使被授予的权力。

被授权机关不得将被授予的权力转授给其他机关。

第十六条　全国人民代表大会及其常务委员会可以根据改革发展的需要，决定就特定事项授权在规定期限和范围内暂时调整或者暂时停止适用法律的部分规定。

暂时调整或者暂时停止适用法律的部分规定的事项，实践证明可行的，由全国人民代表大会及其常务委员会及时修改有关法律；修改法律的条件尚不成熟的，可以延长授权的期限，或者恢复施行有关法律规定。

第二节　全国人民代表大会立法程序

第十七条　全国人民代表大会主席团可以向全国人民代表大会提出法律案，由全国人民代表大会会议审议。

全国人民代表大会常务委员会、国务院、中央军事委员会、国家监察委员会、最高人民法院、最高人民检察院、全国人民代表大会各专门委员会，可以向全国人民代表大会提出法律案，由主席团决定列入会议议程。

第十八条　一个代表团或者三十名以上的代表联名，可以向全国人民代表大会提出法律案，由主席团决定是否列入会议议程，或者先交有关的专门委员会审议、提出是否列入会议议程的意见，再决定是否列入会议议程。

专门委员会审议的时候，可以邀请提案人列席会议，发表意见。

第十九条　向全国人民代表大会提出的法律案，在全国人民代表大会闭会期间，可以先向常务委员会提出，经常务委员会会议依照本法第二章第三节规定的有关程序审议后，决定提请全国人民代表大会审议，由常务委员会向大会全体会议作说明，或者由提案人向大会全体会议作说明。

常务委员会依照前款规定审议法律案，应当通过多种形式征求全国人民代表大会代表的意见，并将有关情况予以反馈；专门委员会和常务委员会工作机构进行立法调研，可以邀请有关的全国人民代表大会代表参加。

第二十条　常务委员会决定提请全国人民代表大会会议审议的法律案，应当在会议举行的一个月前将法律草案发给代表，并可以适时组织代表研读讨论，征求代表的意见。

第二十一条　列入全国人民代表大会会议议程的法律案，大会全体会议听取提案人的说明后，由各代表团进行审议。

各代表团审议法律案时，提案人应当派人听取意见，回答询问。

各代表团审议法律案时，根据代表团的要求，有关机关、组织应当派人介绍情况。

第二十二条　列入全国人民代表大会会议议程的法律案，由有关的专门委员会进行审议，向主席团提出审议意见，并印发会议。

第二十三条　列入全国人民代表大会会议议程的法律案，由宪法和法律委员会根据各代表团和有关的专门委员会的审议意见，对法律案进行统一审议，向主席团提出审议结果报告和法律草案修改稿，对涉及的合宪性问题以及重要的不同意见应当在审议结果报告中予以说明，经主席团会议审议通过后，印发会议。

第二十四条　列入全国人民代表大会会议议程的法律案，必要时，主席团常务主席可以召开各代表团团长会议，就法律案中的重大问题听取各代表团的审议意见，进行讨论，并将讨论的情况和意见向主席团报告。

主席团常务主席也可以就法律案中的重大的专门性问题，召集代表团推选的有关代表进行讨论，并将讨论的情况和意见向主席团报告。

第二十五条　列入全国人民代表大会会议议程的法律案，在交付表决前，提案人要求撤回的，应当说明理由，经主席团同意，并向大会报告，对该法律案的审议即行终止。

第二十六条　法律案在审议中有重大问题需要进一步研究的，经主席团提出，由大会全体会议决定，可以授权常务委员会根据代表的意见进一步审议，作出决定，并将决定情况向全国人民代表大会下次会议报告；也可以授权常务委员会根据代表的意见进一步审议，提出修改方案，提请全国人民代表大会下次会议审议决定。

第二十七条　法律草案修改稿经各代表团审议，由宪法和法律委员会根据各代表团的审议意见进行修改，提出法律草案表决稿，由主席团提请大会全体会议表决，由全体代表的过半数通过。

第二十八条　全国人民代表大会通过的法律由国家主席签署主席令予以公布。

第三节　全国人民代表大会常务委员会立法程序

第二十九条　委员长会议可以向常务委员会提出法律案，由常务委员会会议审议。

国务院、中央军事委员会、国家监察委员会、最高人民法院、最高人民检察院、全国人民代表大会各专门委员会，可以向常务委员会提出法律案，由委员长会议决定列入常务委员会会议议程，或者先交有关的专门委员会审议、提出报告，再决定列入常务委员会会议议程。如果委员长会议认为法律案有重大问题需要进一步研究，可以建议提案人修改完善后再向常务委员会提出。

第三十条　常务委员会组成人员十人以上联名，可以向常务委员会提出法律案，由委员长会议决定是否列入常务委员会会议议程，或者先交有关的专门委员会审议、提出是否列入会议议程的意见，再决定是否列入常务委员会会议议程。不列入常务委员会会议议程的，应当向常务委员会会议报告或者向提案人说明。

专门委员会审议的时候，可以邀请提案人列席会议，发表意见。

第三十一条　列入常务委员会会议议程的法律案，除特殊情况外，应当在会议举行的七日前将法律草案发给常务委员会组成人员。

常务委员会会议审议法律案时，应当邀请有关的全国人民代表大会代表列席会议。

第三十二条　列入常务委员会会议议程的法律案，一般应当经三次常务委员会会议审议后再交付表决。

常务委员会会议第一次审议法律案，在全体会议上听取提案人的说明，由分组会议进行初步审议。

常务委员会会议第二次审议法律案，在全体会议上听取宪法和法律委员会关于法律草案修改情况和主要问题的汇报，由分组会议进一步审议。

常务委员会会议第三次审议法律案，在全体会议上听取宪法和法律委员会关于法律草案审议结果的报告，由分组会议对法律草案修改稿进行审议。

常务委员会审议法律案时，根据需要，可以召开联组会议或者全体会议，对法律草案中的主要问题进行讨论。

第三十三条　列入常务委员会会议议程的法律案，各方面的意见比较一致的，可以经两次常务委员会会议审议后交付表决；调整事项较为单一或者部分修改的法律案，各方面的意见比较一致，或者遇有紧急情形的，也可以经一次常务委员会会议审议即交付表决。

第三十四条　常务委员会分组会议审议法律案时，提案人应当派人听取意见，回答询问。

常务委员会分组会议审议法律案时，根据小组的要求，有关机关、组织应当派人介绍情况。

第三十五条　列入常务委员会会议议程的法律案，由有关的专门委员会进行审议，提出审议意见，印发常务委员会会议。

有关的专门委员会审议法律案时，可以邀请其他专门委员会的成员列席会议，发表意见。

第三十六条　列入常务委员会会议议程的法律案，由宪法和法律委员会根据常务委员会组成人员、有关的专门委员会的审议意见和各方面提出的意见，对法律案进行统一审议，提出修改情况的汇报或者审议结果报告和法律草案修改稿，对涉及的合宪性问题以及重要的不同意见应当在修改情况的汇报或者审议结果报告中予以说明。对有关的专门委员会的审议意见没有采纳的，应当向有关的专门委员会反馈。

宪法和法律委员会审议法律案时，应当邀请有关的专门委员会的成员列席会议，发表意见。

第三十七条　专门委员会审议法律案时，应当召开全体会议审议，根据需要，可以要求有关机关、组织派有关负责人说明情况。

第三十八条　专门委员会之间对法律草案的重要问题意见不一致时，应当向委员长会议报告。

第三十九条　列入常务委员会会议议程的法律案，宪法和法律委员会、有关的专门委员会和常务委员会工作机构应当听取各方面的意见。听取意见可以采取座谈会、论证会、听证会等多种形式。

法律案有关问题专业性较强，需要进行可行性评价的，应当召开论证会，听取有关专家、部门和全国人民代表大会代表等方面的意见。论证情况应当向常务委员会报告。

法律案有关问题存在重大意见分歧或者涉及利益关系重大调整，需要进行听证的，应当召开听证会，听取有关基层和群体代表、部门、人民团体、专家、全国人民代表大会代表和社会有关方面的意见。听证情况应当向常务委员会报告。

常务委员会工作机构应当将法律草案发送相关领域的全国人民代表大会代表、地方人民代表大会常务委员会以及有关部门、组织和专家征求意见。

第四十条　列入常务委员会会议议程的法律案，应当在常务委员会会议后将法律草案及其起草、修改的说明等向社会公布，征求意见，但是经委员长会议决定不公布的除外。向社会公布征求意见的时间一般不少于三十日。征求意见的情况应当向社会通报。

第四十一条　列入常务委员会会议议程的法律案，常务委员会工作机构应当收集整理分组审议的意见和各方面提出的意见以及其他有关资料，分送宪法和法律委员会、有关的专门委员会，并根据需要，印发常务委员会会议。

第四十二条　拟提请常务委员会会议审议通过的法律案，在宪法和法律委员会提出审议结果报告前，常务委员会工作机构可以对法律草案中主要制度规范的可行性、法律出台时机、法律实施的社会效果和可能出现的问题等进行评估。评估情况由宪法和法律委员会在审议结果报告中予以说明。

第四十三条　列入常务委员会会议议程的法律案，在交付表决前，提案人要求撤回的，应当说明理由，经委员长会议同意，并向常务委员会报告，对该法律案的审议即行终止。

第四十四条　法律草案修改稿经常务委员会会议审议，由宪法和法律委员会根据常务委员会组成人员的审议意见进行修改，提出法律草案表决稿，由委员长会议提请常务委员会全体会议表决，由常务委员会全体组成人员的过半数通过。

法律草案表决稿交付常务委员会会议表决前，委员长会议根据常务委员会会议审议的情况，可以决定将个别意见分歧较大的重要条款提请常务委员会会议单独表决。

单独表决的条款经常务委员会会议表决后，委员长会议根据单独表决的情况，可以决定将法律草案表决稿交付表决，也可以决定暂不付表决，交宪法和法律委员会、有关的专门委员会进一步审议。

第四十五条　列入常务委员会会议审议的法律案，因各方面对制定该法律的必要性、可行性等重大问题存在较大意见分歧搁置审议满两年的，或者因暂不付表决经过两年没有再次列入常务委员会会议议程审议的，委员长会议可以决定终止审议，并向常务委员会报告；必要时，委员长会议也可以决定延期审议。

第四十六条 对多部法律中涉及同类事项的个别条款进行修改，一并提出法律案的，经委员长会议决定，可以合并表决，也可以分别表决。

第四十七条 常务委员会通过的法律由国家主席签署主席令予以公布。

第四节 法律解释

第四十八条 法律解释权属于全国人民代表大会常务委员会。

法律有以下情况之一的，由全国人民代表大会常务委员会解释：

（一）法律的规定需要进一步明确具体含义的；

（二）法律制定后出现新的情况，需要明确适用法律依据的。

第四十九条 国务院、中央军事委员会、国家监察委员会、最高人民法院、最高人民检察院、全国人民代表大会各专门委员会，可以向全国人民代表大会常务委员会提出法律解释要求或者提出相关法律案。

省、自治区、直辖市的人民代表大会常务委员会可以向全国人民代表大会常务委员会提出法律解释要求。

第五十条 常务委员会工作机构研究拟订法律解释草案，由委员长会议决定列入常务委员会会议议程。

第五十一条 法律解释草案经常务委员会会议审议，由宪法和法律委员会根据常务委员会组成人员的审议意见进行审议、修改，提出法律解释草案表决稿。

第五十二条 法律解释草案表决稿由常务委员会全体组成人员的过半数通过，由常务委员会发布公告予以公布。

第五十三条 全国人民代表大会常务委员会的法律解释同法律具有同等效力。

第五节 其他规定

第五十四条 全国人民代表大会及其常务委员会加强对立法工作的组

织协调，发挥在立法工作中的主导作用。

第五十五条　全国人民代表大会及其常务委员会坚持科学立法、民主立法、依法立法，通过制定、修改、废止、解释法律和编纂法典等多种形式，增强立法的系统性、整体性、协同性、时效性。

第五十六条　全国人民代表大会常务委员会通过立法规划和年度立法计划、专项立法计划等形式，加强对立法工作的统筹安排。编制立法规划和立法计划，应当认真研究代表议案和建议，广泛征集意见，科学论证评估，根据经济社会发展和民主法治建设的需要，按照加强重点领域、新兴领域、涉外领域立法的要求，确定立法项目。立法规划和立法计划由委员长会议通过并向社会公布。

全国人民代表大会常务委员会工作机构负责编制立法规划、拟订立法计划，并按照全国人民代表大会常务委员会的要求，督促立法规划和立法计划的落实。

第五十七条　全国人民代表大会有关的专门委员会、常务委员会工作机构应当提前参与有关方面的法律草案起草工作；综合性、全局性、基础性的重要法律草案，可以由有关的专门委员会或者常务委员会工作机构组织起草。

专业性较强的法律草案，可以吸收相关领域的专家参与起草工作，或者委托有关专家、教学科研单位、社会组织起草。

第五十八条　提出法律案，应当同时提出法律草案文本及其说明，并提供必要的参阅资料。修改法律的，还应当提交修改前后的对照文本。法律草案的说明应当包括制定或者修改法律的必要性、可行性和主要内容，涉及合宪性问题的相关意见以及起草过程中对重大分歧意见的协调处理情况。

第五十九条　向全国人民代表大会及其常务委员会提出的法律案，在列入会议议程前，提案人有权撤回。

第六十条　交付全国人民代表大会及其常务委员会全体会议表决未获得通过的法律案，如果提案人认为必须制定该法律，可以按照法律规定的程序重新提出，由主席团、委员长会议决定是否列入会议议程；其中，未获得全国人民代表大会通过的法律案，应当提请全国人民代表大会审议决定。

第六十一条　法律应当明确规定施行日期。

第六十二条　签署公布法律的主席令载明该法律的制定机关、通过和施行日期。

法律签署公布后，法律文本以及法律草案的说明、审议结果报告等，应当及时在全国人民代表大会常务委员会公报和中国人大网以及在全国范围内发行的报纸上刊载。

在常务委员会公报上刊登的法律文本为标准文本。

第六十三条　法律的修改和废止程序，适用本章的有关规定。

法律被修改的，应当公布新的法律文本。

法律被废止的，除由其他法律规定废止该法律的以外，由国家主席签署主席令予以公布。

第六十四条　法律草案与其他法律相关规定不一致的，提案人应当予以说明并提出处理意见，必要时应当同时提出修改或者废止其他法律相关规定的议案。

宪法和法律委员会、有关的专门委员会审议法律案时，认为需要修改或者废止其他法律相关规定的，应当提出处理意见。

第六十五条　法律根据内容需要，可以分编、章、节、条、款、项、目。

编、章、节、条的序号用中文数字依次表述，款不编序号，项的序号用中文数字加括号依次表述，目的序号用阿拉伯数字依次表述。

法律标题的题注应当载明制定机关、通过日期。经过修改的法律，应当依次载明修改机关、修改日期。

全国人民代表大会常务委员会工作机构编制立法技术规范。

第六十六条　法律规定明确要求有关国家机关对专门事项作出配套的具体规定的，有关国家机关应当自法律施行之日起一年内作出规定，法律对配套的具体规定制定期限另有规定的，从其规定。有关国家机关未能在期限内作出配套的具体规定的，应当向全国人民代表大会常务委员会说明情况。

第六十七条　全国人民代表大会有关的专门委员会、常务委员会工作机构可以组织对有关法律或者法律中有关规定进行立法后评估。评估情况应当向常务委员会报告。

第六十八条　全国人民代表大会及其常务委员会作出有关法律问题的决定，适用本法的有关规定。

第六十九条　全国人民代表大会常务委员会工作机构可以对有关具体问题的法律询问进行研究予以答复，并报常务委员会备案。

第七十条　全国人民代表大会常务委员会工作机构根据实际需要设立基层立法联系点，深入听取基层群众和有关方面对法律草案和立法工作的意见。

第七十一条　全国人民代表大会常务委员会工作机构加强立法宣传工作，通过多种形式发布立法信息、介绍情况、回应关切。

第三章　行政法规

第七十二条　国务院根据宪法和法律，制定行政法规。

行政法规可以就下列事项作出规定：

（一）为执行法律的规定需要制定行政法规的事项；

（二）宪法第八十九条规定的国务院行政管理职权的事项。

应当由全国人民代表大会及其常务委员会制定法律的事项，国务院根据全国人民代表大会及其常务委员会的授权决定先制定的行政法规，经过实践检验，制定法律的条件成熟时，国务院应当及时提请全国人民代表大会及其常务委员会制定法律。

第七十三条　国务院法制机构应当根据国家总体工作部署拟订国务院年度立法计划，报国务院审批。国务院年度立法计划中的法律项目应当与全国人民代表大会常务委员会的立法规划和立法计划相衔接。国务院法制机构应当及时跟踪了解国务院各部门落实立法计划的情况，加强组织协调和督促指导。

国务院有关部门认为需要制定行政法规的，应当向国务院报请立项。

第七十四条　行政法规由国务院有关部门或者国务院法制机构具体负责起草，重要行政管理的法律、行政法规草案由国务院法制机构组织起草。行政法规在起草过程中，应当广泛听取有关机关、组织、人民代表大会代表和社会公众的意见。听取意见可以采取座谈会、论证会、听证会等多种形式。

行政法规草案应当向社会公布，征求意见，但是经国务院决定不公布的除外。

第七十五条　行政法规起草工作完成后，起草单位应当将草案及其说明、各方面对草案主要问题的不同意见和其他有关资料送国务院法制机构进行审查。

国务院法制机构应当向国务院提出审查报告和草案修改稿，审查报告应当对草案主要问题作出说明。

第七十六条　行政法规的决定程序依照中华人民共和国国务院组织法的有关规定办理。

第七十七条　行政法规由总理签署国务院令公布。

有关国防建设的行政法规，可以由国务院总理、中央军事委员会主席共同签署国务院、中央军事委员会令公布。

第七十八条　行政法规签署公布后，及时在国务院公报和中国政府法制信息网以及在全国范围内发行的报纸上刊载。

在国务院公报上刊登的行政法规文本为标准文本。

第七十九条　国务院可以根据改革发展的需要，决定就行政管理等领域的特定事项，在规定期限和范围内暂时调整或者暂时停止适用行政法规的部分规定。

第四章　地方性法规、自治条例和单行条例、规章

第一节　地方性法规、自治条例和单行条例

第八十条　省、自治区、直辖市的人民代表大会及其常务委员会根据本行政区域的具体情况和实际需要，在不同宪法、法律、行政法规相抵触

的前提下，可以制定地方性法规。

第八十一条　设区的市的人民代表大会及其常务委员会根据本市的具体情况和实际需要，在不同宪法、法律、行政法规和本省、自治区的地方性法规相抵触的前提下，可以对城乡建设与管理、生态文明建设、历史文化保护、基层治理等方面的事项制定地方性法规，法律对设区的市制定地方性法规的事项另有规定的，从其规定。设区的市的地方性法规须报省、自治区的人民代表大会常务委员会批准后施行。省、自治区的人民代表大会常务委员会对报请批准的地方性法规，应当对其合法性进行审查，认为同宪法、法律、行政法规和本省、自治区的地方性法规不抵触的，应当在四个月内予以批准。

省、自治区的人民代表大会常务委员会在对报请批准的设区的市的地方性法规进行审查时，发现其同本省、自治区的人民政府的规章相抵触的，应当作出处理决定。

除省、自治区的人民政府所在地的市，经济特区所在地的市和国务院已经批准的较大的市以外，其他设区的市开始制定地方性法规的具体步骤和时间，由省、自治区的人民代表大会常务委员会综合考虑本省、自治区所辖的设区的市的人口数量、地域面积、经济社会发展情况以及立法需求、立法能力等因素确定，并报全国人民代表大会常务委员会和国务院备案。

自治州的人民代表大会及其常务委员会可以依照本条第一款规定行使设区的市制定地方性法规的职权。自治州开始制定地方性法规的具体步骤和时间，依照前款规定确定。

省、自治区的人民政府所在地的市，经济特区所在地的市和国务院已经批准的较大的市已经制定的地方性法规，涉及本条第一款规定事项范围以外的，继续有效。

第八十二条　地方性法规可以就下列事项作出规定：

（一）为执行法律、行政法规的规定，需要根据本行政区域的实际情况作具体规定的事项；

（二）属于地方性事务需要制定地方性法规的事项。

除本法第十一条规定的事项外，其他事项国家尚未制定法律或者行政法规的，省、自治区、直辖市和设区的市、自治州根据本地方的具体情况和实际需要，可以先制定地方性法规。在国家制定的法律或者行政法规生效后，地方性法规同法律或者行政法规相抵触的规定无效，制定机关应当及时予以修改或者废止。

设区的市、自治州根据本条第一款、第二款制定地方性法规，限于本法第八十一条第一款规定的事项。

制定地方性法规，对上位法已经明确规定的内容，一般不作重复性规定。

第八十三条　省、自治区、直辖市和设区的市、自治州的人民代表大会及其常务委员会根据区域协调发展的需要，可以协同制定地方性法规，在本行政区域或者有关区域内实施。

省、自治区、直辖市和设区的市、自治州可以建立区域协同立法工作机制。

第八十四条　经济特区所在地的省、市的人民代表大会及其常务委员会根据全国人民代表大会的授权决定，制定法规，在经济特区范围内实施。

上海市人民代表大会及其常务委员会根据全国人民代表大会常务委员会的授权决定，制定浦东新区法规，在浦东新区实施。

海南省人民代表大会及其常务委员会根据法律规定，制定海南自由贸易港法规，在海南自由贸易港范围内实施。

第八十五条　民族自治地方的人民代表大会有权依照当地民族的政治、经济和文化的特点，制定自治条例和单行条例。自治区的自治条例和单行条例，报全国人民代表大会常务委员会批准后生效。自治州、自治县的自治条例和单行条例，报省、自治区、直辖市的人民代表大会常务委员会批准后生效。

自治条例和单行条例可以依照当地民族的特点，对法律和行政法规的规定作出变通规定，但不得违背法律或者行政法规的基本原则，不得对宪法和民族区域自治法的规定以及其他有关法律、行政法规专门就民族自治地方所作的规定作出变通规定。

第八十六条　规定本行政区域特别重大事项的地方性法规，应当由人民代表大会通过。

第八十七条　地方性法规案、自治条例和单行条例案的提出、审议和表决程序，根据中华人民共和国地方各级人民代表大会和地方各级人民政府组织法，参照本法第二章第二节、第三节、第五节的规定，由本级人民代表大会规定。

地方性法规草案由负责统一审议的机构提出审议结果的报告和草案修改稿。

第八十八条　省、自治区、直辖市的人民代表大会制定的地方性法规由大会主席团发布公告予以公布。

省、自治区、直辖市的人民代表大会常务委员会制定的地方性法规由常务委员会发布公告予以公布。

设区的市、自治州的人民代表大会及其常务委员会制定的地方性法规报经批准后，由设区的市、自治州的人民代表大会常务委员会发布公告予以公布。

自治条例和单行条例报经批准后，分别由自治区、自治州、自治县的人民代表大会常务委员会发布公告予以公布。

第八十九条　地方性法规、自治条例和单行条例公布后，其文本以及草案的说明、审议结果报告等，应当及时在本级人民代表大会常务委员会公报和中国人大网、本地方人民代表大会网站以及在本行政区域范围内发行的报纸上刊载。

在常务委员会公报上刊登的地方性法规、自治条例和单行条例文本为标准文本。

第九十条　省、自治区、直辖市和设区的市、自治州的人民代表大会常务委员会根据实际需要设立基层立法联系点，深入听取基层群众和有关方面对地方性法规、自治条例和单行条例草案的意见。

第二节　规章

第九十一条　国务院各部、委员会、中国人民银行、审计署和具有行政管理职能的直属机构以及法律规定的机构，可以根据法律和国务院的行政法规、决定、命令，在本部门的权限范围内，制定规章。

部门规章规定的事项应当属于执行法律或者国务院的行政法规、决定、命令的事项。没有法律或者国务院的行政法规、决定、命令的依据，部门规章不得设定减损公民、法人和其他组织权利或者增加其义务的规范，不得增加本部门的权力或者减少本部门的法定职责。

第九十二条　涉及两个以上国务院部门职权范围的事项，应当提请国务院制定行政法规或者由国务院有关部门联合制定规章。

第九十三条　省、自治区、直辖市和设区的市、自治州的人民政府，可以根据法律、行政法规和本省、自治区、直辖市的地方性法规，制定规章。

地方政府规章可以就下列事项作出规定：

（一）为执行法律、行政法规、地方性法规的规定需要制定规章的事项；

（二）属于本行政区域的具体行政管理事项。

设区的市、自治州的人民政府根据本条第一款、第二款制定地方政府规章，限于城乡建设与管理、生态文明建设、历史文化保护、基层治理等方面的事项。已经制定的地方政府规章，涉及上述事项范围以外的，继续有效。

除省、自治区的人民政府所在地的市，经济特区所在地的市和国务院已经批准的较大的市以外，其他设区的市、自治州的人民政府开始制定规章的时间，与本省、自治区人民代表大会常务委员会确定的本市、自治州开始制定地方性法规的时间同步。

应当制定地方性法规但条件尚不成熟的，因行政管理迫切需要，可以先制定地方政府规章。规章实施满两年需要继续实施规章所规定的行政措施的，应当提请本级人民代表大会或者其常务委员会制定地方性法规。

没有法律、行政法规、地方性法规的依据，地方政府规章不得设定减损公民、法人和其他组织权利或者增加其义务的规范。

第九十四条　国务院部门规章和地方政府规章的制定程序，参照本法第三章的规定，由国务院规定。

第九十五条　部门规章应当经部务会议或者委员会会议决定。

地方政府规章应当经政府常务会议或者全体会议决定。

第九十六条　部门规章由部门首长签署命令予以公布。

地方政府规章由省长、自治区主席、市长或者自治州州长签署命令予以公布。

第九十七条　部门规章签署公布后，及时在国务院公报或者部门公报和中国政府法制信息网以及在全国范围内发行的报纸上刊载。

地方政府规章签署公布后，及时在本级人民政府公报和中国政府法制信息网以及在本行政区域范围内发行的报纸上刊载。

在国务院公报或者部门公报和地方人民政府公报上刊登的规章文本为标准文本。

第五章　适用与备案审查

第九十八条　宪法具有最高的法律效力，一切法律、行政法规、地方性法规、自治条例和单行条例、规章都不得同宪法相抵触。

第九十九条　法律的效力高于行政法规、地方性法规、规章。

行政法规的效力高于地方性法规、规章。

第一百条　地方性法规的效力高于本级和下级地方政府规章。

省、自治区的人民政府制定的规章的效力高于本行政区域内的设区的市、自治州的人民政府制定的规章。

第一百零一条　自治条例和单行条例依法对法律、行政法规、地方性法规作变通规定的，在本自治地方适用自治条例和单行条例的规定。

经济特区法规根据授权对法律、行政法规、地方性法规作变通规定的，在本经济特区适用经济特区法规的规定。

第一百零二条　部门规章之间、部门规章与地方政府规章之间具有同等效力，在各自的权限范围内施行。

第一百零三条　同一机关制定的法律、行政法规、地方性法规、自治条例和单行条例、规章，特别规定与一般规定不一致的，适用特别规定；新的规定与旧的规定不一致的，适用新的规定。

第一百零四条　法律、行政法规、地方性法规、自治条例和单行条例、规章不溯及既往，但为了更好地保护公民、法人和其他组织的权利和利益而作的特别规定除外。

第一百零五条　法律之间对同一事项的新的一般规定与旧的特别规定不一致，不能确定如何适用时，由全国人民代表大会常务委员会裁决。

行政法规之间对同一事项的新的一般规定与旧的特别规定不一致，不能确定如何适用时，由国务院裁决。

第一百零六条　地方性法规、规章之间不一致时，由有关机关依照下列规定的权限作出裁决：

（一）同一机关制定的新的一般规定与旧的特别规定不一致时，由制定机关裁决；

（二）地方性法规与部门规章之间对同一事项的规定不一致，不能确定如何适用时，由国务院提出意见，国务院认为应当适用地方性法规的，应当决定在该地方适用地方性法规的规定；认为应当适用部门规章的，应当提请全国人民代表大会常务委员会裁决；

（三）部门规章之间、部门规章与地方政府规章之间对同一事项的规定不一致时，由国务院裁决。

根据授权制定的法规与法律规定不一致，不能确定如何适用时，由全国人民代表大会常务委员会裁决。

第一百零七条　法律、行政法规、地方性法规、自治条例和单行条例、规章有下列情形之一的，由有关机关依照本法第一百零八条规定的权限予以改变或者撤销：

（一）超越权限的；

（二）下位法违反上位法规定的；

（三）规章之间对同一事项的规定不一致，经裁决应当改变或者撤销一方的规定的；

（四）规章的规定被认为不适当，应当予以改变或者撤销的；

（五）违背法定程序的。

第一百零八条　改变或者撤销法律、行政法规、地方性法规、自治条例和单行条例、规章的权限是：

（一）全国人民代表大会有权改变或者撤销它的常务委员会制定的不适当的法律，有权撤销全国人民代表大会常务委员会批准的违背宪法和本法第八十五条第二款规定的自治条例和单行条例；

（二）全国人民代表大会常务委员会有权撤销同宪法和法律相抵触的行政法规，有权撤销同宪法、法律和行政法规相抵触的地方性法规，有权撤销省、自治区、直辖市的人民代表大会常务委员会批准的违背宪法和本法第八十五条第二款规定的自治条例和单行条例；

（三）国务院有权改变或者撤销不适当的部门规章和地方政府规章；

（四）省、自治区、直辖市的人民代表大会有权改变或者撤销它的常务委员会制定的和批准的不适当的地方性法规；

（五）地方人民代表大会常务委员会有权撤销本级人民政府制定的不适当的规章；

（六）省、自治区的人民政府有权改变或者撤销下一级人民政府制定的不适当的规章；

（七）授权机关有权撤销被授权机关制定的超越授权范围或者违背授权目的的法规，必要时可以撤销授权。

第一百零九条　行政法规、地方性法规、自治条例和单行条例、规章应当在公布后的三十日内依照下列规定报有关机关备案：

（一）行政法规报全国人民代表大会常务委员会备案；

（二）省、自治区、直辖市的人民代表大会及其常务委员会制定的地方性法规，报全国人民代表大会常务委员会和国务院备案；设区的市、自治州的人民代表大会及其常务委员会制定的地方性法规，由省、自治区的人民代表大会常务委员会报全国人民代表大会常务委员会和国务院备案；

（三）自治州、自治县的人民代表大会制定的自治条例和单行条例，由省、自治区、直辖市的人民代表大会常务委员会报全国人民代表大会常务委员会和国务院备案；自治条例、单行条例报送备案时，应当说明对法律、行政法规、地方性法规作出变通的情况；

（四）部门规章和地方政府规章报国务院备案；地方政府规章应当同时报本级人民代表大会常务委员会备案；设区的市、自治州的人民政府制定的规章应当同时报省、自治区的人民代表大会常务委员会和人民政府备案；

（五）根据授权制定的法规应当报授权决定规定的机关备案；经济特区法规、浦东新区法规、海南自由贸易港法规报送备案时，应当说明变通的情况。

第一百一十条　国务院、中央军事委员会、国家监察委员会、最高人民法院、最高人民检察院和各省、自治区、直辖市的人民代表大会常务委员会认为行政法规、地方性法规、自治条例和单行条例同宪法或者法律相抵触，或者存在合宪性、合法性问题的，可以向全国人民代表大会常务委员会书面提出进行审查的要求，由全国人民代表大会有关的专门委员会和常务委员会工作机构进行审查、提出意见。

前款规定以外的其他国家机关和社会团体、企业事业组织以及公民认为行政法规、地方性法规、自治条例和单行条例同宪法或者法律相抵触的，可以向全国人民代表大会常务委员会书面提出进行审查的建议，由常务委员会工作机构进行审查；必要时，送有关的专门委员会进行审查、提出意见。

第一百一十一条　全国人民代表大会专门委员会、常务委员会工作机构可以对报送备案的行政法规、地方性法规、自治条例和单行条例等进行主动审查，并可以根据需要进行专项审查。

国务院备案审查工作机构可以对报送备案的地方性法规、自治条例和单行条例，部门规章和省、自治区、直辖市的人民政府制定的规章进行主动审查，并可以根据需要进行专项审查。

第一百一十二条　全国人民代表大会专门委员会、常务委员会工作机构在审查中认为行政法规、地方性法规、自治条例和单行条例同宪法或者法律相抵触，或者存在合宪性、合法性问题的，可以向制定机关提出书面审查意见；也可以由宪法和法律委员会与有关的专门委员会、常务委员会工作机构召开联合审查会议，要求制定机关到会说明情况，再向制定机关提出书面审查意见。制定机关应当在两个月内研究提出是否修改或者废止的意见，并向全国人民代表大会宪法和法律委员会、有关的专门委员会或者常务委员会工作机构反馈。

全国人民代表大会宪法和法律委员会、有关的专门委员会、常务委员会工作机构根据前款规定，向制定机关提出审查意见，制定机关按照所提意见对行政法规、地方性法规、自治条例和单行条例进行修改或者废止的，审查终止。

全国人民代表大会宪法和法律委员会、有关的专门委员会、常务委员会工作机构经审查认为行政法规、地方性法规、自治条例和单行条例同宪法或者法律相抵触，或者存在合宪性、合法性问题需要修改或者废止，而制定机关不予修改或者废止的，应当向委员长会议提出予以撤销的议案、建议，由委员长会议决定提请常务委员会会议审议决定。

第一百一十三条　全国人民代表大会有关的专门委员会、常务委员会工作机构应当按照规定要求，将审查情况向提出审查建议的国家机关、社会团体、企业事业组织以及公民反馈，并可以向社会公开。

第一百一十四条　其他接受备案的机关对报送备案的地方性法规、自治条例和单行条例、规章的审查程序，按照维护法制统一的原则，由接受备案的机关规定。

第一百一十五条　备案审查机关应当建立健全备案审查衔接联动机制，对应当由其他机关处理的审查要求或者审查建议，及时移送有关机关处理。

第一百一十六条　对法律、行政法规、地方性法规、自治条例和单行条例、规章和其他规范性文件，制定机关根据维护法制统一的原则和改革发展的需要进行清理。

第六章　附　则

第一百一十七条　中央军事委员会根据宪法和法律，制定军事法规。

中国人民解放军各战区、军兵种和中国人民武装警察部队，可以根据法律和中央军事委员会的军事法规、决定、命令，在其权限范围内，制定军事规章。

军事法规、军事规章在武装力量内部实施。

军事法规、军事规章的制定、修改和废止办法，由中央军事委员会依照本法规定的原则规定。

第一百一十八条　国家监察委员会根据宪法和法律、全国人民代表大会常务委员会的有关决定，制定监察法规，报全国人民代表大会常务委员会备案。

第一百一十九条　最高人民法院、最高人民检察院作出的属于审判、检察工作中具体应用法律的解释，应当主要针对具体的法律条文，并符合立法的目的、原则和原意。遇有本法第四十八条第二款规定情况的，应当向全国人民代表大会常务委员会提出法律解释的要求或者提出制定、修改有关法律的议案。

最高人民法院、最高人民检察院作出的属于审判、检察工作中具体应用法律的解释，应当自公布之日起三十日内报全国人民代表大会常务委员会备案。

最高人民法院、最高人民检察院以外的审判机关和检察机关，不得作出具体应用法律的解释。

第一百二十条　本法自2000年7月1日起施行。

全国人民代表大会关于修改《中华人民共和国立法法》的决定

（2023年3月13日第十四届全国人民代表大会第一次会议通过）

第十四届全国人民代表大会第一次会议决定对《中华人民共和国立法法》作如下修改：

一、将第三条改为两条，作为第三条、第四条，修改为：

“第三条　立法应当坚持中国共产党的领导，坚持以马克思列宁主义、毛泽东思想、邓小平理论、‘三个代表’重要思想、科学发展观、习近平新时代中国特色社会主义思想为指导，推进中国特色社会主义法治体系建设，保障在法治轨道上全面建设社会主义现代化国家。

“第四条　立法应当坚持以经济建设为中心，坚持改革开放，贯彻新发展理念，保障以中国式现代化全面推进中华民族伟大复兴。”

二、将第四条改为第五条，修改为：“立法应当符合宪法的规定、原则和精神，依照法定的权限和程序，从国家整体利益出发，维护社会主义法制的统一、尊严、权威。”

三、将第五条改为第六条，增加一款，作为第一款：“立法应当坚持和发展全过程人民民主，尊重和保障人权，保障和促进社会公平正义。”

四、增加一条，作为第八条：“立法应当倡导和弘扬社会主义核心价值观，坚持依法治国和以德治国相结合，铸牢中华民族共同体意识，推动社会主义精神文明建设。”

五、增加一条，作为第九条：“立法应当适应改革需要，坚持在法治下推进改革和在改革中完善法治相统一，引导、推动、规范、保障相关改革，发挥法治在国家治理体系和治理能力现代化中的重要作用。”

六、将第七条改为第十条，第一款修改为：“全国人民代表大会和全国人民代表大会常务委员会根据宪法规定行使国家立法权。”

增加一款，作为第四款：“全国人民代表大会可以授权全国人民代表大会常务委员会制定相关法律。”

七、将第八条改为第十一条，第二项修改为：“（二）各级人民代表大会、人民政府、监察委员会、人民法院和人民检察院的产生、组织和职权”。

第十项修改为：“（十）诉讼制度和仲裁基本制度”。

八、将第十三条改为第十六条，修改为：“全国人民代表大会及其常务委员会可以根据改革发展的需要，决定就特定事项授权在规定期限和范围内暂时调整或者暂时停止适用法律的部分规定。

“暂时调整或者暂时停止适用法律的部分规定的事项，实践证明可行的，由全国人民代表大会及其常务委员会及时修改有关法律；修改法律的条件尚不成熟的，可以延长授权的期限，或者恢复施行有关法律规定。”

九、将第十七条改为第二十条，修改为：“常务委员会决定提请全国人民代表大会会议审议的法律案，应当在会议举行的一个月前将法律草案发给代表，并可以适时组织代表研读讨论，征求代表的意见。”

十、将第二十条改为第二十三条，修改为：“列入全国人民代表大会会议议程的法律案，由宪法和法律委员会根据各代表团和有关的专门委员会的审议意见，对法律案进行统一审议，向主席团提出审议结果报告和法律草案修改稿，对涉及的合宪性问题以及重要的不同意见应当在审议结果报告中予以说明，经主席团会议审议通过后，印发会议。”

十一、将第三十条改为第三十三条，修改为：“列入常务委员会会议议程的法律案，各方面的意见比较一致的，可以经两次常务委员会会议审议后交付表决；调整事项较为单一或者部分修改的法律案，各方面的意见比较一致，或者遇有紧急情形的，也可以经一次常务委员会会议审议即交付表决。”

十二、将第三十三条改为第三十六条，修改为：“列入常务委员会会议议程的法律案，由宪法和法律委员会根据常务委员会组成人员、有关的专门委员会的审议意见和各方面提出的意见，对法律案进行统一审议，提出修改情况的汇报或者审议结果报告和法律草案修改稿，对涉及的合宪性问题以及重要的不同意见应当在修改情况的汇报或者审议结果报告中予以说明。对有关的专门委员会的审议意见没有采纳的，应当向有关的专门委员会反馈。

“宪法和法律委员会审议法律案时，应当邀请有关的专门委员会的成员列席会议，发表意见。”

十三、将第四十二条改为第四十五条，修改为：“列入常务委员会会议审议的法律案，因各方面对制定该法律的必要性、可行性等重大问题存在较大意见分歧搁置审议满两年的，或者因暂不付表决经过两年没有再次列入常务委员会会议议程审议的，委员长会议可以决定终止审议，并向常务委员会报告；必要时，委员长会议也可以决定延期审议。”

十四、将第四十六条改为第四十九条，修改为：“国务院、中央军事委员会、国家监察委员会、最高人民法院、最高人民检察院、全国人民代表大会各专门委员会，可以向全国人民代表大会常务委员会提出法律解释要求或者提出相关法律案。

“省、自治区、直辖市的人民代表大会常务委员会可以向全国人民代表大会常务委员会提出法律解释要求。”

十五、增加一条，作为第五十五条：“全国人民代表大会及其常务委员会坚持科学立法、民主立法、依法立法，通过制定、修改、废止、解释法律和编纂法典等多种形式，增强立法的系统性、整体性、协同性、时效性。”

十六、将第五十二条改为第五十六条，修改为：“全国人民代表大会常务委员会通过立法规划和年度立法计划、专项立法计划等形式，加强对立法工作的统筹安排。编制立法规划和立法计划，应当认真研究代表议案和建议，广泛征集意见，科学论证评估，根据经济社会发展和民主法治建设的需要，按照加强重点领域、新兴领域、涉外领域立法的要求，确定立法项目。立法规划和立法计划由委员长会议通过并向社会公布。

“全国人民代表大会常务委员会工作机构负责编制立法规划、拟订立法计划，并按照全国人民代表大会常务委员会的要求，督促立法规划和立法计划的落实。”

十七、将第五十四条改为第五十八条，修改为：“提出法律案，应当同时提出法律草案文本及其说明，并提供必要的参阅资料。修改法律的，还应当提交修改前后的对照文本。法律草案的说明应当包括制定或者修改法律的必要性、可行性和主要内容，涉及合宪性问题的相关意见以及起草过程中对重大分歧意见的协调处理情况。”

十八、将第五十八条改为第六十二条，第二款修改为：“法律签署公布后，法律文本以及法律草案的说明、审议结果报告等，应当及时在全国人民代表大会常务委员会公报和中国人大网以及在全国范围内发行的报纸上刊载。”

十九、将第六十一条改为第六十五条，增加一款，作为第四款：“全国人民代表大会常务委员会工作机构编制立法技术规范。”

二十、增加一条，作为第六十八条：“全国人民代表大会及其常务委员会作出有关法律问题的决定，适用本法的有关规定。”

二十一、增加一条，作为第七十条：“全国人民代表大会常务委员会工作机构根据实际需要设立基层立法联系点，深入听取基层群众和有关方面对法律草案和立法工作的意见。”

二十二、增加一条，作为第七十一条：“全国人民代表大会常务委员会工作机构加强立法宣传工作，通过多种形式发布立法信息、介绍情况、回应关切。”

二十三、增加一条，作为第七十九条：“国务院可以根据改革发展的需要，决定就行政管理等领域的特定事项，在规定期限和范围内暂时调整或者暂时停止适用行政法规的部分规定。”

二十四、将第七十二条改为两条，第一款作为第八十条；第二款作为第八十一条第一款，修改为：“设区的市的人民代表大会及其常务委员会根据本市的具体情况和实际需要，在不同宪法、法律、行政法规和本省、自治区的地方性法规相抵触的前提下，可以对城乡建设与管理、生态文明建设、历史文化保护、基层治理等方面的事项制定地方性法规，法律对设区的市制定地方性法规的事项另有规定的，从其规定。设区的市的地方性法规须报省、自治区的人民代表大会常务委员会批准后施行。省、自治区的人民代表大会常务委员会对报请批准的地方性法规，应当对其合法性进行审查，认为同宪法、法律、行政法规和本省、自治区的地方性法规不抵触的，应当在四个月内予以批准”；第三、四、五、六款分别作为第八十一条第二、三、四、五款。

二十五、增加一条，作为第八十三条：“省、自治区、直辖市和设区的市、自治州的人民代表大会及其常务委员会根据区域协调发展的需要，可以协同制定地方性法规，在本行政区域或者有关区域内实施。

“省、自治区、直辖市和设区的市、自治州可以建立区域协同立法工作机制。”

二十六、将第七十四条改为第八十四条，增加两款，作为第二款、第三款：“上海市人民代表大会及其常务委员会根据全国人民代表大会常务委员会的授权决定，制定浦东新区法规，在浦东新区实施。

“海南省人民代表大会及其常务委员会根据法律规定，制定海南自由贸易港法规，在海南自由贸易港范围内实施。”

二十七、将第七十九条改为第八十九条，第一款修改为：“地方性法规、自治条例和单行条例公布后，其文本以及草案的说明、审议结果报告等，应当及时在本级人民代表大会常务委员会公报和中国人大网、本地方人民代表大会网站以及在本行政区域范围内发行的报纸上刊载。”

二十八、增加一条，作为第九十条：“省、自治区、直辖市和设区的市、自治州的人民代表大会常务委员会根据实际需要设立基层立法联系点，深入听取基层群众和有关方面对地方性法规、自治条例和单行条例草案的意见。”

二十九、将第八十条改为第九十一条，第一款修改为：“国务院各部、委员会、中国人民银行、审计署和具有行政管理职能的直属机构以及法律规定的机构，可以根据法律和国务院的行政法规、决定、命令，在本部门的权限范围内，制定规章。”

三十、将第八十二条改为第九十三条，第三款修改为：“设区的市、自治州的人民政府根据本条第一款、第二款制定地方政府规章，限于城乡建设与管理、生态文明建设、历史文化保护、基层治理等方面的事项。已经制定的地方政府规章，涉及上述事项范围以外的，继续有效。”

三十一、将第九十八条改为第一百零九条，第五项修改为：“（五）根据授权制定的法规应当报授权决定规定的机关备案；经济特区法规、浦东新区法规、海南自由贸易港法规报送备案时，应当说明变通的情况”。

三十二、将第九十九条第一款、第二款改为第一百一十条，修改为：“国务院、中央军事委员会、国家监察委员会、最高人民法院、最高人民检察院和各省、自治区、直辖市的人民代表大会常务委员会认为行政法规、地方性法规、自治条例和单行条例同宪法或者法律相抵触，或者存在合宪性、合法性问题的，可以向全国人民代表大会常务委员会书面提出进行审查的要求，由全国人民代表大会有关的专门委员会和常务委员会工作机构进行审查、提出意见。

“前款规定以外的其他国家机关和社会团体、企业事业组织以及公民认为行政法规、地方性法规、自治条例和单行条例同宪法或者法律相抵触的，可以向全国人民代表大会常务委员会书面提出进行审查的建议，由常务委员会工作机构进行审查；必要时，送有关的专门委员会进行审查、提出意见。”

三十三、增加一条，作为第一百一十一条，将第九十九条第三款修改后作为本条第一款：“全国人民代表大会专门委员会、常务委员会工作机构可以对报送备案的行政法规、地方性法规、自治条例和单行条例等进行主动审查，并可以根据需要进行专项审查。”

增加一款，作为第一百一十一条第二款：“国务院备案审查工作机构可以对报送备案的地方性法规、自治条例和单行条例，部门规章和省、自治区、直辖市的人民政府制定的规章进行主动审查，并可以根据需要进行专项审查。”

三十四、将第一百条改为第一百一十二条，修改为：“全国人民代表大会专门委员会、常务委员会工作机构在审查中认为行政法规、地方性法规、自治条例和单行条例同宪法或者法律相抵触，或者存在合宪性、合法性问题的，可以向制定机关提出书面审查意见；也可以由宪法和法律委员会与有关的专门委员会、常务委员会工作机构召开联合审查会议，要求制定机关到会说明情况，再向制定机关提出书面审查意见。制定机关应当在两个月内研究提出是否修改或者废止的意见，并向全国人民代表大会宪法和法律委员会、有关的专门委员会或者常务委员会工作机构反馈。

“全国人民代表大会宪法和法律委员会、有关的专门委员会、常务委员会工作机构根据前款规定，向制定机关提出审查意见，制定机关按照所提意见对行政法规、地方性法规、自治条例和单行条例进行修改或者废止的，审查终止。

“全国人民代表大会宪法和法律委员会、有关的专门委员会、常务委员会工作机构经审查认为行政法规、地方性法规、自治条例和单行条例同宪法或者法律相抵触，或者存在合宪性、合法性问题需要修改或者废止，而制定机关不予修改或者废止的，应当向委员长会议提出予以撤销的议案、建议，由委员长会议决定提请常务委员会会议审议决定。”

三十五、将第一百零一条改为第一百一十三条，修改为：“全国人民代表大会有关的专门委员会、常务委员会工作机构应当按照规定要求，将审查情况向提出审查建议的国家机关、社会团体、企业事业组织以及公民反馈，并可以向社会公开。”

三十六、增加一条，作为第一百一十五条：“备案审查机关应当建立健全备案审查衔接联动机制，对应当由其他机关处理的审查要求或者审查建议，及时移送有关机关处理。”

三十七、增加一条，作为第一百一十六条：“对法律、行政法规、地方性法规、自治条例和单行条例、规章和其他规范性文件，制定机关根据维护法制统一的原则和改革发展的需要进行清理。”

三十八、将第一百零三条改为第一百一十七条，第二款修改为：“中国人民解放军各战区、军兵种和中国人民武装警察部队，可以根据法律和中央军事委员会的军事法规、决定、命令，在其权限范围内，制定军事规章。”

三十九、增加一条，作为第一百一十八条：“国家监察委员会根据宪法和法律、全国人民代表大会常务委员会的有关决定，制定监察法规，报全国人民代表大会常务委员会备案。”

四十、对部分条文中的有关表述作以下修改：

（一）在第十四条第二款、第二十六条第二款中的“中央军事委员会”后增加“国家监察委员会”。

（二）将第二十四条、第二十九条第三款和第四款、第三十六条第一款、第三十九条、第四十一条第一款、第四十八条中的“法律委员会”修改为“宪法和法律委员会”；将第三十八条、第四十一条第三款、第六十条第二款中的“法律委员会和”修改为“宪法和法律委员会”。

（三）将第六十六条第一款中的“立法规划和年度立法计划”修改为“立法规划和立法计划”。

海南省儋州市比照适用《中华人民共和国立法法》有关赋予设区的市地方立法权的规定。

本决定自2023年3月15日起施行。

《中华人民共和国立法法》根据本决定作相应修改并对条文顺序作相应调整，重新公布。

行政法规制定程序条例（2017 修订）

行政法规制定程序条例

（2001 年 11 月 16 日中华人民共和国国务院令第 321 号公布

根据 2017 年 12 月 22 日《国务院关于修改〈行政法规制定程序条例〉的决定》修订）

第一章　总　则

第一条　为了规范行政法规制定程序，保证行政法规质量，根据宪法、立法法和国务院组织法的有关规定，制定本条例。

第二条　行政法规的立项、起草、审查、决定、公布、解释，适用本条例。

第三条　制定行政法规，应当贯彻落实党的路线方针政策和决策部署，符合宪法和法律的规定，遵循立法法确定的立法原则。

第四条　制定政治方面法律的配套行政法规，应当按照有关规定及时报告党中央。

制定经济、文化、社会、生态文明等方面重大体制和重大政策调整的重要行政法规，应当将行政法规草案或者行政法规草案涉及的重大问题按照有关规定及时报告党中央。

第五条　行政法规的名称一般称“条例”，也可以称“规定”“办法”等。国务院根据全国人民代表大会及其常务委员会的授权决定制定的行政法规，称“暂行条例”或者“暂行规定”。

国务院各部门和地方人民政府制定的规章不得称“条例”。

第六条　行政法规应当备而不繁，逻辑严密，条文明确、具体，用语准确、简洁，具有可操作性。

行政法规根据内容需要，可以分章、节、条、款、项、目。章、节、条的序号用中文数字依次表述，款不编序号，项的序号用中文数字加括号依次表述，目的序号用阿拉伯数字依次表述。

第二章　立　项

第七条　国务院于每年年初编制本年度的立法工作计划。

第八条　国务院有关部门认为需要制定行政法规的，应当于国务院编制年度立法工作计划前，向国务院报请立项。

国务院有关部门报送的行政法规立项申请，应当说明立法项目所要解决的主要问题、依据的党的路线方针政策和决策部署，以及拟确立的主要制度。

国务院法制机构应当向社会公开征集行政法规制定项目建议。

第九条　国务院法制机构应当根据国家总体工作部署，对行政法规立项申请和公开征集的行政法规制定项目建议进行评估论证，突出重点，统筹兼顾，拟订国务院年度立法工作计划，报党中央、国务院批准后向社会公布。

列入国务院年度立法工作计划的行政法规项目应当符合下列要求：

（一）贯彻落实党的路线方针政策和决策部署，适应改革、发展、稳定的需要；

（二）有关的改革实践经验基本成熟；

（三）所要解决的问题属于国务院职权范围并需要国务院制定行政法规的事项。

第十条　对列入国务院年度立法工作计划的行政法规项目，承担起草任务的部门应当抓紧工作，按照要求上报国务院；上报国务院前，应当与国务院法制机构沟通。

国务院法制机构应当及时跟踪了解国务院各部门落实国务院年度立法工作计划的情况，加强组织协调和督促指导。

国务院年度立法工作计划在执行中可以根据实际情况予以调整。

第三章 起 草

第十一条 行政法规由国务院组织起草。国务院年度立法工作计划确定行政法规由国务院的一个部门或者几个部门具体负责起草工作，也可以确定由国务院法制机构起草或者组织起草。

第十二条 起草行政法规，应当符合本条例第三条、第四条的规定，并符合下列要求：

（一）弘扬社会主义核心价值观；

（二）体现全面深化改革精神，科学规范行政行为，促进政府职能向宏观调控、市场监管、社会管理、公共服务、环境保护等方面转变；

（三）符合精简、统一、效能的原则，相同或者相近的职能规定由一个行政机关承担，简化行政管理手续；

（四）切实保障公民、法人和其他组织的合法权益，在规定其应当履行的义务的同时，应当规定其相应的权利和保障权利实现的途径；

（五）体现行政机关的职权与责任相统一的原则，在赋予有关行政机关必要的职权的同时，应当规定其行使职权的条件、程序和应承担的责任。

第十三条 起草行政法规，起草部门应当深入调查研究，总结实践经验，广泛听取有关机关、组织和公民的意见。涉及社会公众普遍关注的热点难点问题和经济社会发展遇到的突出矛盾，减损公民、法人和其他组织权利或者增加其义务，对社会公众有重要影响等重大利益调整事项的，应当进行论证咨询。听取意见可以采取召开座谈会、论证会、听证会等多种形式。

起草行政法规，起草部门应当将行政法规草案及其说明等向社会公布，征求意见，但是经国务院决定不公布的除外。向社会公布征求意见的期限一般不少于30日。

起草专业性较强的行政法规，起草部门可以吸收相关领域的专家参与起草工作，或者委托有关专家、教学科研单位、社会组织起草。

第十四条 起草行政法规，起草部门应当就涉及其他部门的职责或者与其他部门关系紧密的规定，与有关部门充分协商，涉及部门职责分工、行政许可、财政支持、税收优惠政策的，应当征得机构编制、财政、税务等相关部门同意。

第十五条　起草行政法规，起草部门应当对涉及有关管理体制、方针政策等需要国务院决策的重大问题提出解决方案，报国务院决定。

第十六条　起草部门向国务院报送的行政法规草案送审稿（以下简称行政法规送审稿），应当由起草部门主要负责人签署。

起草行政法规，涉及几个部门共同职责需要共同起草的，应当共同起草，达成一致意见后联合报送行政法规送审稿。几个部门共同起草的行政法规送审稿，应当由该几个部门主要负责人共同签署。

第十七条　起草部门将行政法规送审稿报送国务院审查时，应当一并报送行政法规送审稿的说明和有关材料。

行政法规送审稿的说明应当对立法的必要性，主要思路，确立的主要制度，征求有关机关、组织和公民意见的情况，各方面对送审稿主要问题的不同意见及其协调处理情况，拟设定、取消或者调整行政许可、行政强制的情况等作出说明。有关材料主要包括所规范领域的实际情况和相关数据、实践中存在的主要问题、国内外的有关立法资料、调研报告、考察报告等。

第四章　审　查

第十八条　报送国务院的行政法规送审稿，由国务院法制机构负责审查。

国务院法制机构主要从以下方面对行政法规送审稿进行审查：

（一）是否严格贯彻落实党的路线方针政策和决策部署，是否符合宪法和法律的规定，是否遵循立法法确定的立法原则；

（二）是否符合本条例第十二条的要求；

（三）是否与有关行政法规协调、衔接；

（四）是否正确处理有关机关、组织和公民对送审稿主要问题的意见；

（五）其他需要审查的内容。

第十九条　行政法规送审稿有下列情形之一的，国务院法制机构可以缓办或者退回起草部门：

（一）制定行政法规的基本条件尚不成熟或者发生重大变化的；

（二）有关部门对送审稿规定的主要制度存在较大争议，起草部门未征得机构编制、财政、税务等相关部门同意的；

（三）未按照本条例有关规定公开征求意见的；

（四）上报送审稿不符合本条例第十五条、第十六条、第十七条规定的。

第二十条　国务院法制机构应当将行政法规送审稿或者行政法规送审稿涉及的主要问题发送国务院有关部门、地方人民政府、有关组织和专家等各方面征求意见。国务院有关部门、地方人民政府应当在规定期限内反馈书面意见，并加盖本单位或者本单位办公厅（室）印章。

国务院法制机构可以将行政法规送审稿或者修改稿及其说明等向社会公布，征求意见。向社会公布征求意见的期限一般不少于30日。

第二十一条　国务院法制机构应当就行政法规送审稿涉及的主要问题，深入基层进行实地调查研究，听取基层有关机关、组织和公民的意见。

第二十二条　行政法规送审稿涉及重大利益调整的，国务院法制机构应当进行论证咨询，广泛听取有关方面的意见。论证咨询可以采取座谈会、论证会、听证会、委托研究等多种形式。

行政法规送审稿涉及重大利益调整或者存在重大意见分歧，对公民、法人或者其他组织的权利义务有较大影响，人民群众普遍关注的，国务院法制机构可以举行听证会，听取有关机关、组织和公民的意见。

第二十三条　国务院有关部门对行政法规送审稿涉及的主要制度、方针政策、管理体制、权限分工等有不同意见的，国务院法制机构应当进行协调，力求达成一致意见。对有较大争议的重要立法事项，国务院法制机构可以委托有关专家、教学科研单位、社会组织进行评估。

经过充分协调不能达成一致意见的，国务院法制机构、起草部门应当将争议的主要问题、有关部门的意见以及国务院法制机构的意见及时报国务院领导协调，或者报国务院决定。

第二十四条　国务院法制机构应当认真研究各方面的意见，与起草部门协商后，对行政法规送审稿进行修改，形成行政法规草案和对草案的说明。

第二十五条　行政法规草案由国务院法制机构主要负责人提出提请国务院常务会议审议的建议；对调整范围单一、各方面意见一致或者依据法律制定的配套行政法规草案，可以采取传批方式，由国务院法制机构直接提请国务院审批。

第五章　决定与公布

第二十六条　行政法规草案由国务院常务会议审议，或者由国务院审批。

国务院常务会议审议行政法规草案时，由国务院法制机构或者起草部门作说明。

第二十七条　国务院法制机构应当根据国务院对行政法规草案的审议意见，对行政法规草案进行修改，形成草案修改稿，报请总理签署国务院令公布施行。

签署公布行政法规的国务院令载明该行政法规的施行日期。

第二十八条　行政法规签署公布后，及时在国务院公报和中国政府法制信息网以及在全国范围内发行的报纸上刊载。国务院法制机构应当及时汇编出版行政法规的国家正式版本。

在国务院公报上刊登的行政法规文本为标准文本。

第二十九条　行政法规应当自公布之日起30日后施行；但是，涉及国家安全、外汇汇率、货币政策的确定以及公布后不立即施行将有碍行政法规施行的，可以自公布之日起施行。

第三十条　行政法规在公布后的30日内由国务院办公厅报全国人民代表大会常务委员会备案。

第六章　行政法规解释

第三十一条　行政法规有下列情形之一的，由国务院解释：

（一）行政法规的规定需要进一步明确具体含义的；

（二）行政法规制定后出现新的情况，需要明确适用行政法规依据的。

国务院法制机构研究拟订行政法规解释草案，报国务院同意后，由国务院公布或者由国务院授权国务院有关部门公布。

行政法规的解释与行政法规具有同等效力。

第三十二条　国务院各部门和省、自治区、直辖市人民政府可以向国务院提出行政法规解释要求。

第三十三条　对属于行政工作中具体应用行政法规的问题，省、自治区、直辖市人民政府法制机构以及国务院有关部门法制机构请求国务院法制机构解释的，国务院法制机构可以研究答复；其中涉及重大问题的，由国务院法制机构提出意见，报国务院同意后答复。

第七章　附　则

第三十四条　拟订国务院提请全国人民代表大会或者全国人民代表大会常务委员会审议的法律草案，参照本条例的有关规定办理。

第三十五条　国务院可以根据全面深化改革、经济社会发展需要，就行政管理等领域的特定事项，决定在一定期限内在部分地方暂时调整或者暂时停止适用行政法规的部分规定。

第三十六条　国务院法制机构或者国务院有关部门应当根据全面深化改革、经济社会发展需要以及上位法规定，及时组织开展行政法规清理工作。对不适应全面深化改革和经济社会发展要求、不符合上位法规定的行政法规，应当及时修改或者废止。

第三十七条　国务院法制机构或者国务院有关部门可以组织对有关行政法规或者行政法规中的有关规定进行立法后评估，并把评估结果作为修改、废止有关行政法规的重要参考。

第三十八条　行政法规的修改、废止程序适用本条例的有关规定。

行政法规修改、废止后，应当及时公布。

第三十九条　行政法规的外文正式译本和民族语言文本，由国务院法制机构审定。

第四十条　本条例自2002年1月1日起施行。1987年4月21日国务院批准、国务院办公厅发布的《行政法规制定程序暂行条例》同时废止。

规章制定程序条例（2017修订）

（2001年11月16日中华人民共和国国务院令第322号公布
根据2017年12月22日《国务院关于修改
〈规章制定程序条例〉的决定》修订）

第一章 总 则

第一条 为了规范规章制定程序，保证规章质量，根据立法法的有关规定，制定本条例。

第二条 规章的立项、起草、审查、决定、公布、解释，适用本条例。

违反本条例规定制定的规章无效。

第三条 制定规章，应当贯彻落实党的路线方针政策和决策部署，遵循立法法确定的立法原则，符合宪法、法律、行政法规和其他上位法的规定。

没有法律或者国务院的行政法规、决定、命令的依据，部门规章不得设定减损公民、法人和其他组织权利或者增加其义务的规范，不得增加本部门的权力或者减少本部门的法定职责。没有法律、行政法规、地方性法规的依据，地方政府规章不得设定减损公民、法人和其他组织权利或者增加其义务的规范。

第四条 制定政治方面法律的配套规章，应当按照有关规定及时报告党中央或者同级党委（党组）。

制定重大经济社会方面的规章，应当按照有关规定及时报告同级党委（党组）。

第五条 制定规章，应当切实保障公民、法人和其他组织的合法权益，在规定其应当履行的义务的同时，应当规定其相应的权利和保障权利实现的途径。

制定规章，应当体现行政机关的职权与责任相统一的原则，在赋予有关行政机关必要的职权的同时，应当规定其行使职权的条件、程序和应承担的责任。

第六条　制定规章，应当体现全面深化改革精神，科学规范行政行为，促进政府职能向宏观调控、市场监管、社会管理、公共服务、环境保护等方面转变。

制定规章，应当符合精简、统一、效能的原则，相同或者相近的职能应当规定由一个行政机关承担，简化行政管理手续。

第七条　规章的名称一般称“规定”“办法”，但不得称“条例”。

第八条　规章用语应当准确、简洁，条文内容应当明确、具体，具有可操作性。

法律、法规已经明确规定的内容，规章原则上不作重复规定。

除内容复杂的外，规章一般不分章、节。

第九条　涉及国务院两个以上部门职权范围的事项，制定行政法规条件尚不成熟，需要制定规章的，国务院有关部门应当联合制定规章。

有前款规定情形的，国务院有关部门单独制定的规章无效。

第二章　立　项

第十条　国务院部门内设机构或者其他机构认为需要制定部门规章的，应当向该部门报请立项。

省、自治区、直辖市和设区的市、自治州的人民政府所属工作部门或者下级人民政府认为需要制定地方政府规章的，应当向该省、自治区、直辖市或者设区的市、自治州的人民政府报请立项。

国务院部门，省、自治区、直辖市和设区的市、自治州的人民政府，可以向社会公开征集规章制定项目建议。

第十一条　报送制定规章的立项申请，应当对制定规章的必要性、所要解决的主要问题、拟确立的主要制度等作出说明。

第十二条　国务院部门法制机构，省、自治区、直辖市和设区的市、自治州的人民政府法制机构（以下简称法制机构），应当对制定规章的立项申请和公开征集的规章制定项目建议进行评估论证，拟订本部门、本级人民政府年度规章制定工作计划，报本部门、本级人民政府批准后向社会公布。

年度规章制定工作计划应当明确规章的名称、起草单位、完成时间等。

第十三条　国务院部门，省、自治区、直辖市和设区的市、自治州的人民政府，应当加强对执行年度规章制定工作计划的领导。对列入年度规章制定工作计划的项目，承担起草工作的单位应当抓紧工作，按照要求上报本部门或者本级人民政府决定。

法制机构应当及时跟踪了解本部门、本级人民政府年度规章制定工作计划执行情况，加强组织协调和督促指导。

年度规章制定工作计划在执行中，可以根据实际情况予以调整，对拟增加的规章项目应当进行补充论证。

第三章　起　草

第十四条　部门规章由国务院部门组织起草，地方政府规章由省、自治区、直辖市和设区的市、自治州的人民政府组织起草。

国务院部门可以确定规章由其一个或者几个内设机构或者其他机构具体负责起草工作，也可以确定由其法制机构起草或者组织起草。

省、自治区、直辖市和设区的市、自治州的人民政府可以确定规章由其一个部门或者几个部门具体负责起草工作，也可以确定由其法制机构起草或者组织起草。

第十五条　起草规章，应当深入调查研究，总结实践经验，广泛听取有关机关、组织和公民的意见。听取意见可以采取书面征求意见、座谈会、论证会、听证会等多种形式。

起草规章，除依法需要保密的外，应当将规章草案及其说明等向社会公布，征求意见。向社会公布征求意见的期限一般不少于30日。

起草专业性较强的规章，可以吸收相关领域的专家参与起草工作，或者委托有关专家、教学科研单位、社会组织起草。

第十六条　起草规章，涉及社会公众普遍关注的热点难点问题和经济社会发展遇到的突出矛盾，减损公民、法人和其他组织权利或者增加其义务，对社会公众有重要影响等重大利益调整事项的，起草单位应当进行论证咨询，广泛听取有关方面的意见。

起草的规章涉及重大利益调整或者存在重大意见分歧，对公民、法人或者其他组织的权利义务有较大影响，人民群众普遍关注，需要进行听证的，起草单位应当举行听证会听取意见。听证会依照下列程序组织：

（一）听证会公开举行，起草单位应当在举行听证会的30日前公布听证会的时间、地点和内容；

（二）参加听证会的有关机关、组织和公民对起草的规章，有权提问和发表意见；

（三）听证会应当制作笔录，如实记录发言人的主要观点和理由；

（四）起草单位应当认真研究听证会反映的各种意见，起草的规章在报送审查时，应当说明对听证会意见的处理情况及其理由。

第十七条　起草部门规章，涉及国务院其他部门的职责或者与国务院其他部门关系紧密的，起草单位应当充分征求国务院其他部门的意见。

起草地方政府规章，涉及本级人民政府其他部门的职责或者与其他部门关系紧密的，起草单位应当充分征求其他部门的意见。起草单位与其他部门有不同意见的，应当充分协商；经过充分协商不能取得一致意见的，起草单位应当在上报规章草案送审稿（以下简称规章送审稿）时说明情况和理由。

第十八条　起草单位应当将规章送审稿及其说明、对规章送审稿主要问题的不同意见和其他有关材料按规定报送审查。

报送审查的规章送审稿，应当由起草单位主要负责人签署；几个起草单位共同起草的规章送审稿，应当由该几个起草单位主要负责人共同签署。

规章送审稿的说明应当对制定规章的必要性、规定的主要措施、有关方面的意见及其协调处理情况等作出说明。

有关材料主要包括所规范领域的实际情况和相关数据、实践中存在的主要问题、汇总的意见、听证会笔录、调研报告、国内外有关立法资料等。

第四章　审　查

第十九条　规章送审稿由法制机构负责统一审查。法制机构主要从以下方面对送审稿进行审查：

（一）是否符合本条例第三条、第四条、第五条、第六条的规定；

（二）是否符合社会主义核心价值观的要求；

（三）是否与有关规章协调、衔接；

（四）是否正确处理有关机关、组织和公民对规章送审稿主要问题的意见；

（五）是否符合立法技术要求；

（六）需要审查的其他内容。

第二十条　规章送审稿有下列情形之一的，法制机构可以缓办或者退回起草单位：

（一）制定规章的基本条件尚不成熟或者发生重大变化的；

（二）有关机构或者部门对规章送审稿规定的主要制度存在较大争议，起草单位未与有关机构或者部门充分协商的；

（三）未按照本条例有关规定公开征求意见的；

（四）上报送审稿不符合本条例第十八条规定的。

第二十一条　法制机构应当将规章送审稿或者规章送审稿涉及的主要问题发送有关机关、组织和专家征求意见。

法制机构可以将规章送审稿或者修改稿及其说明等向社会公布，征求意见。向社会公布征求意见的期限一般不少于30日。

第二十二条　法制机构应当就规章送审稿涉及的主要问题，深入基层进行实地调查研究，听取基层有关机关、组织和公民的意见。

第二十三条　规章送审稿涉及重大利益调整的，法制机构应当进行论证咨询，广泛听取有关方面的意见。论证咨询可以采取座谈会、论证会、听证会、委托研究等多种形式。

规章送审稿涉及重大利益调整或者存在重大意见分歧，对公民、法人或者其他组织的权利义务有较大影响，人民群众普遍关注，起草单位在起草过程中未举行听证会的，法制机构经本部门或者本级人民政府批准，可以举行听证会。举行听证会的，应当依照本条例第十六条规定的程序组织。

第二十四条　有关机构或者部门对规章送审稿涉及的主要措施、管理体制、权限分工等问题有不同意见的，法制机构应当进行协调，力求达成一致意见。对有较大争议的重要立法事项，法制机构可以委托有关专家、教学科研单位、社会组织进行评估。

经过充分协调不能达成一致意见的，法制机构应当将主要问题、有关机构或者部门的意见和法制机构的意见及时报本部门或者本级人民政府领导协调，或者报本部门或者本级人民政府决定。

第二十五条　法制机构应当认真研究各方面的意见，与起草单位协商后，对规章送审稿进行修改，形成规章草案和对草案的说明。说明应当包括制定规章拟解决的主要问题、确立的主要措施以及与有关部门的协调情况等。

规章草案和说明由法制机构主要负责人签署，提出提请本部门或者本级人民政府有关会议审议的建议。

第二十六条　法制机构起草或者组织起草的规章草案，由法制机构主要负责人签署，提出提请本部门或者本级人民政府有关会议审议的建议。

第五章　决定和公布

第二十七条　部门规章应当经部务会议或者委员会会议决定。

地方政府规章应当经政府常务会议或者全体会议决定。

第二十八条　审议规章草案时，由法制机构作说明，也可以由起草单位作说明。

第二十九条　法制机构应当根据有关会议审议意见对规章草案进行修改，形成草案修改稿，报请本部门首长或者省长、自治区主席、市长、自治州州长签署命令予以公布。

第三十条　公布规章的命令应当载明该规章的制定机关、序号、规章名称、通过日期、施行日期、部门首长或者省长、自治区主席、市长、自治州州长署名以及公布日期。

部门联合规章由联合制定的部门首长共同署名公布，使用主办机关的命令序号。

第三十一条　部门规章签署公布后，及时在国务院公报或者部门公报和中国政府法制信息网以及在全国范围内发行的报纸上刊载。

地方政府规章签署公布后，及时在本级人民政府公报和中国政府法制信息网以及在本行政区域范围内发行的报纸上刊载。

在国务院公报或者部门公报和地方人民政府公报上刊登的规章文本为标准文本。

第三十二条　规章应当自公布之日起30日后施行；但是，涉及国家安全、外汇汇率、货币政策的确定以及公布后不立即施行将有碍规章施行的，可以自公布之日起施行。

第六章　解释与备案

第三十三条　规章解释权属于规章制定机关。

规章有下列情形之一的，由制定机关解释：

（一）规章的规定需要进一步明确具体含义的；

（二）规章制定后出现新的情况，需要明确适用规章依据的。

规章解释由规章制定机关的法制机构参照规章送审稿审查程序提出意见，报请制定机关批准后公布。

规章的解释同规章具有同等效力。

第三十四条　规章应当自公布之日起30日内，由法制机构依照立法法和《法规规章备案条例》的规定向有关机关备案。

第三十五条　国家机关、社会团体、企业事业组织、公民认为规章同法律、行政法规相抵触的，可以向国务院书面提出审查的建议，由国务院法制机构研究并提出处理意见，按照规定程序处理。

国家机关、社会团体、企业事业组织、公民认为设区的市、自治州的人民政府规章同法律、行政法规相抵触或者违反其他上位法的规定的，也可以向本省、自治区人民政府书面提出审查的建议，由省、自治区人民政府法制机构研究并提出处理意见，按照规定程序处理。

第七章 附 则

第三十六条 依法不具有规章制定权的县级以上地方人民政府制定、发布具有普遍约束力的决定、命令，参照本条例规定的程序执行。

第三十七条 国务院部门，省、自治区、直辖市和设区的市、自治州的人民政府，应当根据全面深化改革、经济社会发展需要以及上位法规定，及时组织开展规章清理工作。对不适应全面深化改革和经济社会发展要求、不符合上位法规定的规章，应当及时修改或者废止。

第三十八条 国务院部门，省、自治区、直辖市和设区的市、自治州的人民政府，可以组织对有关规章或者规章中的有关规定进行立法后评估，并把评估结果作为修改、废止有关规章的重要参考。

第三十九条 规章的修改、废止程序适用本条例的有关规定。

规章修改、废止后，应当及时公布。

第四十条 编辑出版正式版本、民族文版、外文版本的规章汇编，由法制机构依照《法规汇编编辑出版管理规定》的有关规定执行。

第四十一条 本条例自2002年1月1日起施行。

甘肃省公众参与制定地方性法规办法（2022 修订）

甘肃省人民代表大会常务委员会公告（第 139 号）

《甘肃省公众参与制定地方性法规办法》已由甘肃省第十三届人民代表大会常务委员会第三十三次会议于 2022 年 9 月 23 日修订通过，现予公布，自 2022 年 12 月 1 日起施行。

甘肃省人民代表大会常务委员会

2022 年 9 月 23 日

甘肃省公众参与制定地方性法规办法（修订）

(2013 年 7 月 26 日甘肃省第十二届人大常委会第四次会议通过　2022 年 9 月 23 日甘肃省第十三届人大常委会第三十三次会议修订)

第一条　为了促进、保障和规范公众有效参与地方性法规制定活动，推进科学立法、民主立法、依法立法，提高地方立法质量，根据《中华人民共和国立法法》等有关法律的规定，结合本省实际，制定本办法。

第二条　本办法所称公众，是指公民、法人和其他组织。

本办法所称公众参与，是指在制定地方性法规过程中，公众主动或者受邀参与表达立法意愿、提出意见和建议的活动。

第三条　本省行政区域内地方性法规制定机关、起草单位开展立法活动，以及公众参与地方性法规制定活动，适用本办法。

第四条　开展公众参与地方性法规制定活动，应当坚持以人民为中心，坚持和发展全过程人民民主，遵循公开、公正、便利和有序的原则。

第五条　公众参与地方性法规制定活动，应当遵守法律法规，不得泄露国家秘密和商业秘密及个人隐私。

第六条　公众参与地方性法规制定活动，由地方性法规制定机关或者起草单位组织。

其他国家机关或者组织应当在各自职责范围内，配合地方性法规制定机关或者起草单位做好公众参与地方性法规制定的相关工作。

地方性法规制定机关、起草单位应当为公众参与立法提供便利条件。

第七条　地方性法规制定机关或者起草单位公开征求公众立法意见和建议的主要方式：

（一）将法规草案在媒体上公布征求意见；

（二）通过媒体向公众公开征集法规草案建议文本；

（三）通过媒体向公众征集五年立法规划项目和年度立法计划项目建议；

（四）组织公众参加座谈会、论证会、听证会等相关会议；

（五）将法规草案发至有关单位和个人征求意见。

充分运用大数据、云计算、人工智能等新技术，开展立法需求分析、社情民意调查，为地方立法提供量化论证和决策依据。

第八条　公众参与地方性法规制定活动的主要方式：

（一）向地方性法规制定机关提出立法项目建议或者法规草案建议文本；

（二）受地方性法规制定机关或者起草单位委托，提出法规草案建议文本；

（三）通过信函、传真、电话、互联网等，提出具体意见和建议；

（四）应邀参加座谈会、论证会、听证会等相关会议；

（五）应邀旁听法规草案审议。

第九条　地方性法规制定机关征集五年立法规划项目和年度立法计划项目建议，应当发布与公众参与相关的立法信息。

地方性法规制定机关、起草单位公开征求公众对法规草案的意见的，应当发布与公众参与相关的立法信息。法规草案向社会公布征求意见的时间一般不少于三十日。

第十条　地方性法规制定机关或者起草单位，应当通过广播、电视、报纸和网络等媒体，向社会发布公众参与立法的相关信息。

地方性法规制定机关或者起草单位所发布的信息，应当完整、准确，有利于公众有效参与。

第十一条 制定地方性法规应当充分发挥人大代表主体作用，通过召开座谈会、调研走访、书面征集等形式征求相关领域人大代表的意见建议。

第十二条 制定地方性法规应当加强立法协商，充分发挥政协委员、民主党派、工商联、无党派人士、人民团体、社会组织在立法协商中的作用。

对与人民群众切身利益密切相关、社会关注度高的重大立法事项，地方性法规制定机关可以商请政协召开立法协商座谈会，并形成立法建议。

第十三条 制定地方性法规应当注重发挥立法研究咨询基地、立法顾问智库作用和专业优势，发挥基层立法联系点联系基层人民群众的作用，为地方立法提供智力支持和咨询服务。

第十四条 编制五年立法规划、年度立法计划或者对地方性法规草案征求意见时，应当召开由专家学者、有关国家机关工作人员和利益相关方的代表及其他公众参加的论证会。

拟制定的地方性法规对本行政区域内的经济和社会发展有重大影响的，或者直接涉及公众重大利益的，或者公众对有关内容存在重大意见分歧的，地方性法规制定机关或者起草单位应当召开立法听证会。

地方性法规制定机关或者起草单位认为必要时，可以委托教学科研机构、社会团体、中介组织等召开论证会或者其他形式的会议听取意见。

对与市场主体生产经营密切相关的立法项目，应当充分听取有关市场主体和行业协会商会意见。

地方性法规制定机关或者起草单位可以根据立法工作实际需要，采取其他方式，听取公众意见。

第十五条 地方性法规制定机关或者起草单位召开公众参与的座谈会等立法工作会议，应当在会议召开十五日前，将会议的主要内容和具体要求通知参加人，并提供相关的立法参考资料。

地方性法规制定机关或者起草单位召开公众参与的座谈会、论证会、听证会等立法工作会议，应当制作会议记录。

第十六条　地方性法规制定机关或者起草单位应当对征集到的公众意见和建议归类整理、分析研究，对科学、合理的意见建议，应当予以采纳。

提交地方性法规制定机关审议的法规草案，提案人应当在草案说明中对公众参与的基本情况予以说明。

地方性法规统一审议机构应当在法规审议结果报告中对公众参与的基本情况予以说明。

第十七条　公众认为正在实施的地方性法规与上位法不一致，或者明显不适应经济社会发展要求的，可以依法向地方性法规制定机关提出修改、废止的建议，地方性法规制定机关应当依法进行处理。

第十八条　地方性法规制定机关在立法后评估工作中，可以根据需要邀请人大代表、政府相关部门、高等院校、科研机构、社会团体等单位及专家学者参与。

第十九条　地方性法规制定机关应当建立激励制度，鼓励公众参与地方性法规制定活动，并对作出突出贡献的公众予以表彰奖励。

公民参与地方性法规制定活动时，其所在单位应当提供便利。公民应邀参与地方性法规制定活动所支出的差旅费、误工费等费用，由地方性法规制定机关或者起草单位承担。

第二十条　公众参与地方性法规制定工作所需经费，由同级财政予以保障。

第二十一条　公众参与民族自治地方自治条例和单行条例制定活动，参照本办法执行。

第二十二条　本办法自2022年12月1日起施行。

西安市制定地方性法规条例

2002年12月5日西安市第十三届人民代表大会第二次会议通过 2003年1月5日陕西省第九届人民代表大会常务委员会第三十四次会议批准

根据2010年7月15日西安市第十四届人民代表大会常务委员会第二十三次会议通过 2010年9月29日陕西省第十一届人民代表大会常务委员会第十八次会议批准的《西安市人民代表大会常务委员会关于修改部分地方性法规的决定》第一次修正

2016年2月4日西安市第十五届人民代表大会第六次会议修订通过 2016年5月26日陕西省第十二届人民代表大会常务委员会第二十七次会议批准

根据2020年10月21日西安市第十六届人民代表大会常务委员会第三十七次会议通过 2020年11月26日陕西省第十三届人民代表大会常务委员会第二十三次会议批准的《西安市人民代表大会常务委员会关于修改〈西安市保护消费者合法权益条例〉等65部地方性法规的决定》第二次修正

根据2021年2月4日西安市第十六届人民代表大会第六次会议通过 2021年3月31日陕西省第十三届人民代表大会常务委员会第二十五次会议批准的《西安市人民代表大会关于修改〈西安市制定地方性法规条例〉的决定》第三次修正

目　录

第一章　总　则

第一条　为了规范制定地方性法规活动，提高立法质量，根据《中华人民共和国地方各级人民代表大会和地方各级人民政府组织法》《中华人民共和国立法法》和《陕西省地方立法条例》，结合本市实际，制定本条例。

第二条　西安市地方性法规的制定、修改、废止和解释，适用本条例。

第三条　制定地方性法规应当依照法定的权限和程序，遵循下列原则：

（一）坚持中国共产党的领导，贯彻落实党的路线方针政策，践行社会主义核心价值观；

（二）维护社会主义法制统一，不得与宪法、法律、行政法规和陕西省地方性法规相抵触；

（三）适应本市经济社会发展和改革需要，实事求是，突出地方特色；

（四）发扬社会主义民主，保障人民通过多种途径参与立法活动；

（五）科学合理地规定公民、法人和其他组织的权利与义务、地方国家机关的权力与责任；

（六）法规规范应当明确、具体，具有针对性和可执行性。

第二章　立法权限

第四条　市人民代表大会及其常务委员会可以在城乡建设与管理、环境保护、历史文化保护等方面就下列事项，制定地方性法规：

（一）为执行法律、行政法规和陕西省地方性法规的规定，需要根据本市的实际情况作具体规定的；

（二）属于本市地方性事务，需要制定地方性法规的；

（三）除《中华人民共和国立法法》第八条规定应当制定法律的事项外，国家、陕西省尚未制定相关的法律、法规，根据本市的具体情况和实际，需要先行制定地方性法规的。

法律对制定地方性法规的事项另有规定的，从其规定。

第五条　下列事项，由市人民代表大会制定地方性法规：

（一）法律规定应当由市人民代表大会制定地方性法规的；

（二）涉及市人民代表大会职权的；

（三）本市行政区域特别重大事项。

市人民代表大会常务委员会制定除前款规定以外的地方性法规；在市人民代表大会闭会期间，可以对市人民代表大会制定的地方性法规进行部分补充和修改，但不得与该地方性法规的基本原则相抵触。

第三章　市人民代表大会立法程序

第六条　市人民代表大会主席团、市人民代表大会常务委员会、市人民政府、市人民代表大会各专门委员会、十名以上市人民代表大会代表联名，可以向市人民代表大会提出法规案。

第七条　市人民代表大会主席团提出的法规案，由市人民代表大会会议审议。

市人民代表大会常务委员会、市人民政府、市人民代表大会各专门委员会提出的法规案，由主席团决定列入会议议程。

十名以上市人民代表大会代表联名提出的法规案，由主席团决定是否列入会议议程，或者先交有关的专门委员会审议、提出是否列入会议议程的意见，再决定是否列入会议议程。

专门委员会审议法规案时，可以邀请提案人列席会议，发表意见。

第八条　向市人民代表大会提出的法规案，在市人民代表大会闭会期间，可以先向常务委员会提出，经常务委员会依照本条例第四章规定的有关程序审议后，决定提请市人民代表大会审议，由常务委员会或者提案人向大会全体会议作说明。

常务委员会依照前款规定审议法规案，应当通过多种形式征求市人民代表大会代表的意见，并将有关情况予以反馈。专门委员会和常务委员会工作委员会进行立法调研，可以邀请有关的市人民代表大会代表参加。

第九条　常务委员会决定提请市人民代表大会会议审议的法规案，应当在会议举行的二十日前将法规草案发给市人民代表大会代表。

第十条　列入市人民代表大会会议议程的法规案，大会全体会议听取提案人的说明后，由各代表团进行审议。

各代表团审议法规案时，提案人应当派人听取意见，回答询问。

各代表团审议法规案时，根据代表团的要求，有关机关、组织应当派人介绍情况。

第十一条　列入市人民代表大会会议议程的法规案，由有关的专门委员会进行审议，向主席团提出审议意见，并印发会议。

第十二条　列入市人民代表大会会议议程的法规案，由法制委员会根据各代表团和有关的专门委员会的审议意见，对法规案进行统一审议，向主席团提出审议结果的报告和法规草案修改稿。对重要的不同意见应当在审议结果的报告中予以说明，经主席团会议审议通过后，印发会议。

第十三条　列入市人民代表大会会议议程的法规案，必要时，主席团常务主席可以召开各代表团团长会议，就法规案中的重大问题听取各代表团的审议意见，进行讨论，并将讨论的情况和意见向主席团报告。

主席团常务主席也可以就法规案中的重大的专门性问题，召集代表团推选的有关代表进行讨论，并将讨论的情况和意见向主席团报告。

第十四条　列入市人民代表大会会议议程的法规案，在交付表决前，提案人要求撤回的，应当说明理由，经主席团同意，并向大会报告，对该法规案的审议即行终止。

第十五条　法规案在审议中有重大问题需要进一步研究的，经主席团提出，由大会全体会议决定，可以授权常务委员会根据代表的意见进一步审议，作出决定，并将决定情况向市人民代表大会下次会议报告；也可以授权常务委员会根据代表的意见进一步审议，提出修改方案，提请市人民代表大会下次会议审议决定。

第十六条　法规草案修改稿经各代表团审议，由法制委员会根据各代表团的审议意见进行修改，提出法规草案表决稿，由主席团提请大会全体会议表决，由全体代表的过半数通过。

第四章　市人民代表大会常务委员会立法程序

第十七条　常务委员会主任会议、市人民政府、市人民代表大会各专门委员会、常务委员会组成人员五人以上联名，可以向常务委员会提出法规案。

第十八条　常务委员会主任会议提出的法规案，由常务委员会会议审议。

市人民政府、市人民代表大会各专门委员会提出的法规案，由常务委员会主任会议决定列入常务委员会会议议程，或者先交有关的专门委员会或者常务委员会工作委员会审议、审查，提出报告，再决定列入常务委员会会议议程。如果常务委员会主任会议认为法规案有重大问题需要进一步研究的，可以建议提案人修改完善后再向常务委员会提出。

常务委员会组成人员五人以上联名提出的法规案，由常务委员会主任会议决定是否列入常务委员会会议议程，或者先交有关的专门委员会或者常务委员会工作委员会审议、审查，提出是否列入常务委员会会议议程的意见，再决定是否列入常务委员会会议议程。不列入常务委员会会议议程的，应当向常务委员会会议报告或者向提案人说明。

专门委员会或者常务委员会工作委员会审议、审查法规案时，可以邀请提案人列席会议，发表意见。

第十九条　提请常务委员会会议审议的法规案，提案人应当在会议举行的三十日前向常务委员会提出。

提请常务委员会会议审议的法规案，由常务委员会办事机构分送法制委员会、有关的专门委员会或者常务委员会工作委员会。

第二十条　列入常务委员会会议议程的法规案，除特殊情况外，常务委员会办事机构应当在会议举行的七日前将法规草案发给常务委员会组成人员。

常务委员会会议审议法规案，应当邀请有关的市人民代表大会代表列席会议。

第二十一条 列入常务委员会会议议程的法规案，一般应当经三次常务委员会会议审议后再交付表决。

常务委员会会议第一次审议法规案，在全体会议上听取提案人的说明，由分组会议对提案人的说明、法规草案和有关的专门委员会或者常务委员会工作委员会的书面意见，进行初步审议。

常务委员会会议第二次审议法规案，在全体会议上听取法制委员会关于法规草案修改情况和主要问题的汇报，由分组会议进一步审议。

常务委员会会议第三次审议法规案，在全体会议上听取法制委员会关于法规草案审议结果的报告，由分组会议对法规草案修改稿进行审议。

常务委员会会议审议法规案，根据需要，可以召开联组会议或者全体会议对法规草案中的主要问题进行讨论。

第二十二条 列入常务委员会会议议程的法规案，各方面意见比较一致的，可以经两次常务委员会会议审议后交付表决。

废止的法规案、调整事项较为单一或者部分修改的法规案，各方面意见比较一致的，也可以经一次常务委员会会议审议即交付表决。

第二十三条 法规案经常务委员会三次会议审议后，仍有重大问题需要进一步研究的，由主任会议决定提交以后的常务委员会会议继续审议。

第二十四条 列入常务委员会会议议程的法规案，由有关的专门委员会或者常务委员会工作委员会审议、审查，提出意见，印发常务委员会会议。

有关的专门委员会或者常务委员会工作委员会审议、审查法规案时，可以邀请其他专门委员会成员或者有关的常务委员会工作委员会负责人列席会议，发表意见。

第二十五条 常务委员会分组会议审议法规案时，提案人应当派人听取意见，回答询问。

常务委员会分组会议审议法规案时，根据小组的要求，有关机关、组织应当派人介绍情况。

第二十六条　列入常务委员会会议议程的法规案，由法制委员会根据常务委员会组成人员、有关的专门委员会的审议意见或者常务委员会工作委员会的审查意见以及各方面提出的意见，进行统一审议，提出修改情况的汇报或者审议结果的报告和法规草案修改稿。对重要的不同意见应当在汇报或者审议结果的报告中予以说明。

对有关的专门委员会的重要审议意见或者常务委员会工作委员会的重要审查意见没有采纳的，应当向有关的专门委员会或者常务委员会工作委员会反馈。

法制委员会审议法规案时，应当邀请有关的专门委员会成员或者常务委员会工作委员会负责人列席会议，发表意见。

第二十七条　专门委员会或者常务委员会工作委员会审议、审查法规案时，应当召开全体会议，根据需要，可以要求有关机关、组织派有关负责人说明情况。

第二十八条　专门委员会或者常务委员会工作委员会之间对法规草案的重要问题意见不一致时，应当向常务委员会主任会议报告。

第二十九条　列入常务委员会会议议程的法规案，法制委员会、有关的专门委员会和常务委员会工作委员会应当听取各方面的意见。听取意见可以采取座谈会、论证会、听证会等多种形式。

法规案有关问题专业性较强，需要进行可行性评价的，应当召开论证会，听取有关专家、部门和市人民代表大会代表等方面的意见。论证情况应当向常务委员会报告。

法规案有关问题存在重大意见分歧或者涉及利益关系重大调整，需要进行听证的，应当召开听证会，听取有关基层和群体代表、部门、人民团体、专家、市人民代表大会代表和社会有关方面的意见。听证情况应当向常务委员会报告。

常务委员会法制工作委员会应当将法规草案发送相关领域的市人民代表大会代表、区县人民代表大会常务委员会、有关部门、组织和专家征求意见。

第三十条　列入常务委员会会议议程的法规案，应当在常务委员会会议后，将法规草案及其起草、修改的说明向社会公布，征求意见，但经常务委员会主任会议决定不公布的除外。

向社会公布征求意见的时间一般不少于三十日，征求意见的情况应当向社会通报。

第三十一条　列入常务委员会会议议程的法规案，常务委员会办事机构应当收集整理分组审议意见，分送法制委员会、有关的专门委员会或者常务委员会工作委员会，并根据需要，印发常务委员会会议。

第三十二条　拟提请常务委员会会议审议通过的法规案，在法制委员会提出审议结果的报告前，常务委员会法制工作委员会可以对法规案中主要制度规范的可行性、法规出台时机、法规实施的社会效果和可能出现的问题等进行评估。评估情况由法制委员会在审议结果的报告中予以说明。

第三十三条　列入常务委员会会议议程的法规案，在交付表决前，提案人要求撤回的，应当说明理由，经常务委员会主任会议同意，并向常务委员会报告，对该法规案的审议即行终止。

第三十四条　法规草案修改稿经常务委员会会议审议，由法制委员会根据常务委员会组成人员的审议意见进行修改，提出法规草案表决稿，由常务委员会主任会议提请常务委员会全体会议表决，由常务委员会全体组成人员的过半数通过。

法规草案表决稿交付常务委员会会议表决前，常务委员会主任会议根据常务委员会会议审议的情况，可以决定将个别意见分歧较大的重要条款提请常务委员会会议单独表决。

单独表决的条款经常务委员会会议表决后，常务委员会主任会议根据单独表决情况，可以决定将法规草案表决稿交付表决，也可以决定暂不付表决，交法制委员会、有关的专门委员会或者常务委员会工作委员会进一步审议、审查。

第三十五条　列入常务委员会会议审议的法规案，因各方面对制定该法规的必要性、可行性等重大问题存在较大意见分歧搁置审议满两年的，或者因暂不付表决经过两年没有再次列入常务委员会会议议程审议的，由常务委员会主任会议向常务委员会报告，该法规案终止审议。

第三十六条　对多部地方性法规中涉及同类事项的个别条款进行修改，一并提出法规案的，经常务委员会主任会议决定，可以合并表决，也可以分别表决。

第五章　报请批准与公布

第三十七条　市人民代表大会及其常务委员会通过的地方性法规，由常务委员会报请陕西省人民代表大会常务委员会批准。

报请陕西省人民代表大会常务委员会批准地方性法规时，应当提交书面报告、法规文本及其说明，并提供必要的参阅资料。修改法规的，还应当提交修改前后的对照文本。

第三十八条　常务委员会报请批准的法规，在陕西省人民代表大会常务委员会批准前，常务委员会可以要求撤回。

第三十九条　市人民代表大会及其常务委员会制定的地方性法规，经陕西省人民代表大会常务委员会批准后，由市人民代表大会常务委员会发布公告予以公布。

公告应当载明制定机关、通过日期，批准机关、批准日期和施行日期。

法规公布后，应当及时在常务委员会公报和中国人大网、陕西人大网、西安日报、西安人大网上刊登。

在常务委员会公报上刊登的法规文本为标准文本。

第四十条　地方性法规公布后的二十日内，常务委员会法制工作委员会应当将公布法规的公告、法规文本等有关资料报陕西省人民代表大会常务委员会。

第六章　修改、废止和解释

第四十一条　已公布施行的地方性法规的修改或者废止，依照本条例有关立法程序的规定进行。

第四十二条　地方性法规被修改的，应当公布新的法规文本。

地方性法规被废止的，除由其他法规规定该地方性法规废止的以外，由市人民代表大会常务委员会发布公告予以公布。

第四十三条　西安市地方性法规的解释权属于市人民代表大会常务委员会。

地方性法规的规定需要进一步明确具体含义或者地方性法规制定后出现新的情况需要明确适用法规依据的，由常务委员会解释。

第四十四条　市人民政府、市中级人民法院、市人民检察院、市人民代表大会各专门委员会、常务委员会工作委员会和区县人民代表大会常务委员会，可以向常务委员会提出地方性法规解释的要求。

第四十五条　常务委员会法制工作委员会研究拟订法规解释草案，由常务委员会主任会议决定列入常务委员会会议议程。

第四十六条　列入常务委员会会议议程的法规解释草案，经常务委员会会议审议，由法制委员会根据常务委员会组成人员的审议意见进行审议、修改，提出法规解释草案表决稿。

第四十七条　法规解释草案表决稿由常务委员会主任会议提请常务委员会全体会议表决，经常务委员会全体组成人员的过半数通过，由常务委员会发布公告予以公布，并报陕西省人民代表大会常务委员会备案。

第四十八条　常务委员会的法规解释同地方性法规具有同等效力。

第七章　其他规定

第四十九条　市人民代表大会及其常务委员会加强对立法工作的组织协调，发挥在立法工作中的主导作用。

第五十条　市人民代表大会常务委员会通过立法规划、年度立法计划等形式，加强对立法工作的统筹安排。编制立法规划和拟订年度立法计划应当认真研究代表议案和建议，广泛征集意见，科学论证评估，并与国家和陕西省人民代表大会常务委员会立法规划、年度立法计划相衔接。

常务委员会法制工作委员会负责编制立法规划和拟订年度立法计划，由常务委员会主任会议讨论通过并向社会公布。

第五十一条　市司法行政机关和负责组织法规实施的单位应当根据国家、陕西省重大改革和政策调整，法律、行政法规、陕西省地方性法规的重要修改，及时对法规进行研究，提出是否修改或者废止的意见和建议。

修改或者废止法规的意见和建议，由常务委员会法制工作委员会组织研究论证，确需修改或者废止法规的，市人民代表大会常务委员会按照规定程序列入年度立法计划。

第五十二条　常务委员会办事机构负责督促立法规划和年度立法计划的落实。

有关单位不能按时完成立法规划、年度立法计划确定的起草任务，应当书面报告常务委员会办事机构并说明原因，由常务委员会办事机构向常务委员会主任会议报告。

第五十三条　有关的专门委员会、常务委员会工作机构应当提前参与有关方面的法规草案起草工作；综合性、全局性、基础性的重要法规草案，可以由有关的专门委员会或者常务委员会工作机构组织起草。

专业性较强的法规草案，可以吸收相关领域的专家参与起草工作，或者委托有关专家、教学科研单位、社会组织起草。

对部门间争议较大的重要立法事项，起草单位应当进行协调；协调确有难度的，可以委托有关专家、教学科研单位、社会组织等第三方进行评估。

第五十四条　向市人民代表大会及其常务委员会提出法规案，应当附有法规草案及其说明，并提供必要的参阅资料。修改法规的还应当提交修改前后的对照文本。

法规草案的说明应当包括制定或者修改法规的必要性、可行性和主要内容，以及起草过程中对重大分歧意见的协调处理情况。

对部门间争议较大的重要立法事项进行第三方评估的，还应当提供评估报告。

第五十五条　交付表决未获通过的法规案，提案人认为必须制定地方性法规的，可以依照本条例规定的程序重新提出，由市人民代表大会主席团、常务委员会主任会议决定是否列入会议议程；其中，未获得市人民代表大会通过的法规案，应当提请市人民代表大会审议决定。

第五十六条　法规草案与本市其他地方性法规相关规定不一致的，提案人应当予以说明并提出处理意见，必要时应当同时提出修改或者废止其他地方性法规相关规定的议案。

专门委员会、常务委员会工作委员会审议或者审查法规草案时，认为需要修改或者废止其他地方性法规相关规定的，应当提出处理意见。

第五十七条　地方性法规的类别名称可以称条例、规定、办法等。

法规标题的题注应当载明制定机关、通过日期，批准机关、批准日期。经过修改的地方性法规，还应当依次载明修改机关、修改日期，批准机关、批准日期。

法规根据内容需要，可以分章、节、条、款、项、目。章、节、条的序号用中文数字表示，款不编序号，项的序号用中文数字加括号表示，目的序号用阿拉伯数字表示。

第五十八条　地方性法规要求市人民政府或者其他有关行政机关对专门事项作出配套的具体规定的，市人民政府或者其他有关行政机关应当自地方性法规施行之日起一年内作出规定。地方性法规对配套的具体规定制定期限另有规定的，从其规定。

市人民政府或者其他有关行政机关未能在期限内作出配套的具体规定的，应当向常务委员会说明情况。

第五十九条　市人民代表大会常务委员会应当建立立法专家顾问制度、基层立法联系点制度，健全立法工作与社会公众的沟通机制。

第六十条　常务委员会法制工作委员会可以对地方性法规有关具体问题的询问进行研究并予以答复，并报常务委员会主任会议备案。对重要问题的答复，应当经常务委员会主任会议同意。

第六十一条　市人民代表大会及其常务委员会应当加强专门委员会和常务委员会工作机构的立法能力建设，推进立法人才队伍的专业化。

第六十二条　常务委员会法制工作委员会负责西安市地方性法规的汇编、出版和译本的审定。

西安市地方性法规的释义，由常务委员会法制工作委员会组织编写和审定。

第八章　适用与监督

第六十三条　西安市地方性法规在本市行政区域内适用。

第六十四条　市人民代表大会常务委员会和各专门委员会、常务委员会工作委员会，应当对地方性法规的实施情况进行监督检查。

市人民政府、市中级人民法院、市人民检察院应当按照常务委员会的要求，报告地方性法规的贯彻执行情况。

第六十五条　市人民代表大会及其常务委员会制定或者修改的地方性法规施行之日起满一年，主要负责组织实施的单位应当将法规实施情况书面报告法制委员会、有关的专门委员会或者常务委员会工作委员会。

有关的专门委员会和常务委员会工作委员会可以组织对有关法规或者法规中有关规定进行立法后评估。评估情况应当向常务委员会报告。

第九章　附　则

第六十六条　本条例自公布之日起施行。

岳阳市人民代表大会及其常务委员会制定地方性法规条例

（2020年1月9日岳阳市第八届人民代表大会第五次会议通过
2020年3月31日湖南省第十三届人民代表大会
常务委员会第十六次会议批准）

第一章　总　则

第一条　为了规范地方立法活动，提高立法质量，维护社会主义法制的统一，发挥立法的引领和推动作用，根据《中华人民共和国地方各级人民代表大会和地方各级人民政府组织法》《中华人民共和国立法法》和《湖南省地方立法条例》的有关规定，结合本市实际，制定本条例。

第二条　市人民代表大会及其常务委员会制定、修改、废止、解释地方性法规及其相关活动，适用本条例。

第三条　市人民代表大会及其常务委员会根据本市的具体情况和实际需要，在不同宪法、法律、行政法规和本省地方性法规相抵触的前提下，可以对城乡建设与管理、环境保护、历史文化保护等方面的事项制定地方性法规。

法律对设区的市制定地方性法规的事项另有规定的，从其规定。

第四条　制定地方性法规，应当坚持中国共产党的领导，遵循《中华人民共和国立法法》规定的基本原则，不抵触上位法，突出地方特色，规定具有可操作性。对上位法已经明确规定的内容，一般不作重复性规定。

第五条　规定本市特别重大事项的地方性法规，应当由市人民代表大会制定。

在市人民代表大会闭会期间，市人民代表大会常务委员会可以对市人民代表大会制定的地方性法规进行部分补充和修改，但不得同该法规的基本原则相抵触。

第六条　市人民代表大会及其常务委员会应当加强立法工作组织协调，推进科学立法、民主立法、依法立法，发挥在立法工作中的主导作用，提高立法质量。

第二章　市人民代表大会制定地方性法规程序

第七条　市人民代表大会主席团可以向市人民代表大会提出地方性法规案，由市人民代表大会会议审议。

市人民代表大会常务委员会、市人民政府、市人民代表大会专门委员会，可以向市人民代表大会提出地方性法规案，由主席团决定列入会议议程。

一个代表团或者十名以上代表联名，可以向市人民代表大会提出地方性法规案，由主席团决定是否列入会议议程，或者先交有关的专门委员会审议并提出是否列入会议议程的意见，再决定是否列入会议议程。

第八条　向市人民代表大会提出的地方性法规案，在市人民代表大会闭会期间，可以先向常务委员会提出，经常务委员会依照本条例第三章规定的有关程序审议后，决定提请市人民代表大会审议，由常务委员会或者提案人向大会全体会议作说明。

第九条　常务委员会决定提请市人民代表大会会议审议的地方性法规案，应当在会议举行的三十日前将法规草案发给代表。

第十条　列入市人民代表大会会议议程的地方性法规案，大会全体会议听取提案人的说明后，由各代表团进行审议。各代表团审议地方性法规案时，提案人应当派人听取意见，回答询问；根据代表团的要求，有关机关、组织应当派人介绍情况。

第十一条　列入市人民代表大会会议议程的地方性法规案，由有关的专门委员会进行审议，向主席团提出审议意见，并印发会议。

第十二条　列入市人民代表大会会议议程的地方性法规案，由法制委员会根据各代表团和有关的专门委员会的审议意见，对地方性法规草案进行统一审议，向主席团提出审议结果报告和法规草案修改稿，对重要的不同意见应当在审议结果报告中予以说明，经主席团会议审议通过后，印发会议。

第十三条　列入市人民代表大会会议议程的地方性法规案，必要时，主席团常务主席可以召开各代表团团长或者代表团推选的代表会议，就地方性法规案中的重大问题或者重大的专门性问题听取各代表团的审议意见，进行讨论，并将讨论的情况和意见向主席团报告。

第十四条　列入市人民代表大会会议议程的地方性法规案，在交付表决前，提案人要求撤回的，应当说明理由，经主席团同意并向大会报告，对该地方性法规案的审议即行终止。

第十五条　地方性法规案在审议中有重大问题需要进一步研究的，经主席团提出，由大会全体会议决定，可以授权市人民代表大会常务委员会根据代表的意见进一步审议，作出决定，并将决定情况向市人民代表大会下次会议报告；也可以授权市人民代表大会常务委员会根据代表的意见进一步审议，提出修改方案，提请市人民代表大会下次会议审议决定。

第十六条　法规草案修改稿经各代表团审议，由法制委员会根据各代表团的审议意见进行修改，提出法规草案表决稿，由主席团提请大会全体会议表决，由全体代表的过半数通过。

第三章　市人民代表大会常务委员会制定地方性法规程序

第十七条　市人民代表大会常务委员会主任会议可以向常务委员会提出地方性法规案，由常务委员会会议审议。

市人民政府、市人民代表大会专门委员会，可以向市人民代表大会常务委员会提出地方性法规案，由主任会议决定列入常务委员会会议议程，或者先交有关的专门委员会审议并提出报告，再决定列入常务委员会会议议程。主任会议认为法规案有重大问题需要进一步研究，可以建议提案人修改完善后再向常务委员会提出。

第十八条　市人民代表大会常务委员会组成人员五人以上联名，可以向常务委员会提出法规案，由主任会议决定是否列入常务委员会会议议程，或者先交有关的专门委员会审议、提出是否列入会议议程的意见，再决定是否列入常务委员会会议议程。对不列入常务委员会会议议程的，应当向常务委员会会议报告或者向提案人说明。

第十九条　市人民代表大会主席团交市人民代表大会常务委员会审议的地方性法规案，由主任会议决定列入常务委员会会议议程。

第二十条　提请市人民代表大会常务委员会会议审议的地方性法规案，提案人一般应当在会议举行的三十日前向常务委员会提出。

列入常务委员会会议议程的地方性法规案，一般应当在会议举行的七日前将法规草案、法规草案说明及有关资料发给常务委员会组成人员。

常务委员会会议审议地方性法规案，应当邀请有关的人大代表列席会议。

第二十一条　列入市人民代表大会常务委员会会议议程的地方性法规案，一般应当经过三次常务委员会会议审议后再交付表决。

常务委员会会议第一次审议地方性法规案，在全体会议上听取提案人的说明和有关的专门委员会审议意见的报告，由分组会议或者全体会议进行初步审议。

常务委员会会议第二次审议地方性法规案，在全体会议上听取法制委员会关于法规草案修改情况的汇报，由分组会议或者全体会议进一步审议。

常务委员会会议第三次审议地方性法规案，在全体会议上听取法制委员会关于法规草案审议结果的报告，由分组会议或者全体会议对法规草案修改稿进行审议。

第二十二条　列入市人民代表大会常务委员会会议议程的地方性法规案，各方面意见比较一致的，可以经两次常务委员会会议审议后交付表决。调整事项较为单一或者部分修改的地方性法规案，各方面意见比较一致的，可以经一次常务委员会会议审议即交付表决。

列入常务委员会会议议程的废止法规的决定案和其他有关法规问题的决定案，一般经过一次常务委员会会议审议即可交付表决。

第二十三条　市人民代表大会常务委员会审议地方性法规案时，提案人应当派人听取意见，回答询问。

第二十四条　列入市人民代表大会常务委员会会议议程的地方性法规案，由有关的专门委员会召开全体会议进行审议，提出审议意见的报告。

有关的专门委员会审议地方性法规案时，可以邀请其他专门委员会的成员或者常务委员会工作机构的负责人列席会议，发表意见；根据需要，可以要求有关机关、组织派人说明情况。

第二十五条　列入市人民代表大会常务委员会会议议程的地方性法规案，由法制委员会根据常务委员会组成人员、有关的专门委员会的审议意见和各方面提出的意见，召开全体会议对地方性法规案进行统一审议，提出修改情况的汇报或者审议结果的报告和法规草案修改稿，对重要的不同意见应当在修改情况汇报或者审议结果报告中予以说明。对有关的专门委员会的审议意见没有采纳的，应当向有关的专门委员会反馈。

法制委员会审议地方性法规案时，应当邀请有关的专门委员会的成员列席会议，发表意见；根据需要，可以要求有关机关、组织派人说明情况。

第二十六条　专门委员会之间对法规草案的重要问题意见不一致时，应当向主任会议报告。

第二十七条　列入市人民代表大会常务委员会会议议程的地方性法规案，法制委员会、有关的专门委员会和常务委员会法制工作委员会应当就地方性法规案的有关问题调查研究，听取各方面的意见。听取意见可以采取座谈会、论证会、听证会、实地考察等形式。

地方性法规案中有关问题专业性较强，需要进行可行性评价的，应当召开论证会，听取有关专家、部门和人大代表等方面的意见。

地方性法规案中有关问题存在重大意见分歧或者涉及利益关系重大调

整，需要进行听证的，应当召开听证会，听取人大代表、基层和群体代表、相关部门、人民团体、专家学者和社会有关方面的意见。

第二十八条　在市人民代表大会常务委员会审议地方性法规案后，应当将法规草案及其起草、修改的说明等通过《岳阳日报》、岳阳人大网等媒介向社会公布，征求意见，但是经主任会议决定不公布的除外。向社会公布征求意见的时间一般不少于三十日。

第二十九条　拟提请市人民代表大会常务委员会会议审议通过的地方性法规案，在法制委员会提出审议结果报告前，常务委员会法制工作委员会可以对法规草案中主要制度规范的可行性、法规出台时机、法规实施的社会效果和可能出现的问题等进行评估。评估情况由法制委员会在审议结果报告中予以说明。

第三十条　列入市人民代表大会常务委员会会议议程的地方性法规案，在交付表决前，提案人要求撤回的，应当说明理由，经主任会议同意并向常务委员会报告，对该地方性法规案的审议即行终止。

第三十一条　地方性法规案经三次市人民代表大会常务委员会会议审议后，仍有重大问题需要进一步研究的，由主任会议决定，可以暂不付表决，交法制委员会进一步审议。

第三十二条　法规草案修改稿经市人民代表大会常务委员会会议审议，由常务委员会法制工作委员会根据常务委员会组成人员的审议意见进行修改，经法制委员会审议提出法规草案表决稿，由主任会议提请常务委员会全体会议表决，由常务委员会全体组成人员的过半数通过。

法规草案表决稿交付常务委员会会议表决前，主任会议根据常务委员会会议审议的情况，可以决定将个别意见分歧较大的重要条款提请常务委员会会议单独表决。

单独表决的条款经常务委员会会议表决后，主任会议根据单独表决的情况，可以决定将法规草案表决稿交付表决，也可以决定暂不付表决，交法制委员会和有关的专门委员会进一步审议。

第三十三条　列入市人民代表大会常务委员会会议议程的地方性法规

案，因各方面对制定该法规的必要性、可行性等重大问题存在较大意见分歧搁置审议满两年的，或者因暂不付表决经过两年没有再次列入常务委员会会议议程的，由主任会议向常务委员会报告，该地方性法规案终止审议。

第四章 地方性法规的报批、公布和解释

第三十四条 市人民代表大会及其常务委员会表决通过的地方性法规，应当自通过之日起十日内由常务委员会报请省人民代表大会常务委员会批准，未经批准，不得施行。

第三十五条 报请批准的地方性法规在省人民代表大会常务委员会批准后三十日内，由市人民代表大会常务委员会发布公告予以公布，并在《岳阳日报》上刊登公告和地方性法规全文。公告中应当载明该地方性法规的制定机关、通过和施行日期，并注明批准机关和批准时间。

地方性法规公布后，应当在《岳阳市人民代表大会常务委员会公报》和岳阳人大网上全文刊登。在公报上刊登的地方性法规文本为标准文本。地方性法规被修改的，应当公布新的地方性法规文本。地方性法规被废止的，应当由市人民代表大会常务委员会发布公告予以公布。

地方性法规发布公告予以公布之日起十日内，市人民代表大会常务委员会应当将有关地方性法规标准文本和公告等书面报送省人民代表大会常务委员会。

第三十六条 市人民代表大会及其常务委员会制定的地方性法规，其解释权属于常务委员会。

地方性法规有以下情况之一的，由常务委员会解释：

（一）地方性法规的规定需要进一步明确具体含义的；

（二）地方性法规制定后出现新的情况，需要明确适用依据的。

市人民政府、市中级人民法院、市人民检察院和市人民代表大会专门委员会以及各县（市、区）人民代表大会常务委员会可以向市人民代表大会常务委员会提出地方性法规解释要求。

市人民代表大会常务委员会对地方性法规的解释与地方性法规具有同

等效力。

第三十七条　市人民代表大会常务委员会法制工作委员会研究拟订法规解释草案，由主任会议决定列入常务委员会会议议程。

法规解释草案经常务委员会会议审议，由常务委员会法制工作委员会根据常务委员会组成人员的审议意见进行修改，再由法制委员会统一审议，提出地方性法规解释草案表决稿。

第三十八条　法规解释草案表决稿由市人民代表大会常务委员会全体组成人员的过半数通过。法规解释作出后，应当自公布之日起三十日内报省人民代表大会常务委员会备案。

第五章　其他规定

第三十九条　市人民代表大会常务委员会应当编制年度立法计划，根据需要可以编制立法规划。立法计划和立法规划应当向社会公布。

编制立法规划和立法计划，应当征求省人民代表大会常务委员会法制工作委员会的意见。

第四十条　市人民代表大会常务委员会法制工作委员会根据各专门委员会、市人民政府法制工作机构以及有关方面的立法建议，统一研究、协调论证，提出立法规划草案和立法计划草案，提请主任会议确定。

立法规划和立法计划在执行过程中需要作适当调整的，由常务委员会法制工作委员会根据专门委员会和有关方面的建议提出方案，报请主任会议决定。

第四十一条　法规草案一般由提案人组织起草。

有关的专门委员会、常务委员会工作机构应当提前参与有关方面的法规草案起草工作；综合性、全局性、基础性的重要法规草案，可以由有关的专门委员会、常务委员会工作机构组织起草。

专业性较强的法规草案，可以吸收相关领域专家参与起草工作，或者委托有关专家、教学科研单位、社会组织起草。

第四十二条　提出地方性法规案，应当同时提出法规草案文本及其说明，并提供必要的参阅资料。修改法规的，还应当提交修改前后的对照文本。法规草案的说明应当包括制定或者修改法规的必要性、可行性和主要内容，以及起草过程中对重大分歧意见的协调处理情况。

第四十三条 向市人民代表大会及其常务委员会提出的地方性法规案，在列入会议议程前，提案人有权撤回。

第四十四条 交付市人民代表大会及其常务委员会全体会议表决未获通过的地方性法规案，如果提案人认为必须制定该地方性法规，可以按照本条例规定的程序重新提出，由主席团、主任会议决定是否列入会议议程。

第四十五条 市人民代表大会及其常务委员会制定的地方性法规，在表决前应当报请省人民代表大会常务委员会法制工作委员会指导。

第四十六条 市人民代表大会及其常务委员会制定的地方性法规，在报请省人民代表大会常务委员会批准过程中，市人民代表大会常务委员会或者其授权的主任会议可以根据省人民代表大会常务委员会的审查意见，对地方性法规个别条文进行修改。

第四十七条 地方性法规的修改、废止程序，适用本条例的有关规定。

第四十八条 地方性法规明确要求有关国家机关对专门事项作出配套规定的，有关国家机关应当自法规施行之日起一年内作出规定。法规另有规定的，从其规定。

有关国家机关未能在期限内作出配套规定的，应当向常务委员会说明情况。

第四十九条 市人民代表大会有关的专门委员会、常务委员会法制工作委员会可以组织对有关法规或者法规中有关规定进行立法后评估。评估情况应当向常务委员会报告。

第五十条 市人民代表大会常务委员会法制工作委员会可以对地方性法规有关具体问题的询问进行研究予以答复，并报常务委员会备案。

第六章 附 则

第五十一条 本条例自2020年5月1日起施行。

上海市制定地方性法规条例

(2001年2月12日上海市第十一届人民代表大会第四次会议通过　根据2004年10月19日上海市第十二届人民代表大会常务委员会第十五次会议《关于修改〈上海市制定地方性法规条例〉的决定》第一次修正　根据2005年2月24日上海市第十二届人民代表大会常务委员会第十八次会议《关于修改〈上海市制定地方性法规条例〉的决定》第二次修正　根据2015年11月19日上海市第十四届人民代表大会常务委员会第二十四次会议《关于修改〈上海市制定地方性法规条例〉的决定》第三次修正　根据2023年4月26日上海市第十六届人民代表大会常务委员会第二次会议《关于修改〈上海市制定地方性法规条例〉的决定》第四次修正)

第一章　总则

第一条　为了规范市人民代表大会及其常务委员会制定地方性法规的活动，完善立法程序，提高立法质量，发挥立法的引领和推动作用，根据《中华人民共和国地方各级人民代表大会和地方各级人民政府组织法》、《中华人民共和国立法法》的规定，结合本市实际情况，制定本条例。

第二条　本条例适用于本市地方性法规的制定、修改、废止、解释及其相关活动。

本条例所称的地方性法规，包括根据《中华人民共和国立法法》第八十条规定制定的地方性法规，以及根据第八十四条规定制定的浦东新区法规。

第三条　制定地方性法规应当坚持中国共产党的领导，坚持以马克思列宁主义、毛泽东思想、邓小平理论、“三个代表”重要思想、科学发展观、习近平新时代中国特色社会主义思想为指导，坚持以经济建设为中心，坚持改革开放，贯彻新发展理念，保障在法治轨道上加快建设具有世界影响力的社会主义现代化国际大都市。

第四条　制定地方性法规应当符合宪法的规定、原则和精神，不同宪法、法律、行政法规相抵触，维护社会主义法制的统一、尊严、权威。

第五条　制定地方性法规应当坚持和发展全过程人民民主，尊重和保障人权，保障和促进社会公平正义。

制定地方性法规应当体现人民的意志，发扬社会主义民主，坚持立法公开，健全代表全程参与立法机制，保障人民通过多种途径参与立法活动。

第六条　制定地方性法规应当从实际出发，适应经济社会发展和全面深化改革的要求，科学合理地规定公民、法人和其他组织的权利与义务、国家机关的权力与责任。

地方性法规规定的内容，应当明确、具体，具有针对性和可执行性，对上位法已经明确规定的内容一般不作重复性规定，并根据内容选择采用若干规定、规定、实施办法、条例等适当的立法体例。

第七条　制定地方性法规应当倡导和弘扬社会主义核心价值观，坚持法治和德治相结合，推动社会主义精神文明建设。

第八条　制定地方性法规应当适应改革需要，坚持在法治下推进改革和在改革中完善法治相统一，引导、推动、规范、保障相关改革，发挥法治在本市治理体系和治理能力现代化中的重要作用。

第九条　市人民代表大会及其常务委员会依照宪法、法律规定的权限制定地方性法规。

规定本市特别重大事项的地方性法规，应当由市人民代表大会通过。

在市人民代表大会闭会期间，市人民代表大会常务委员会可以对市人民代表大会制定的地方性法规进行部分补充和修改，但是不得同该法规的基本原则相抵触。

市人民代表大会有权改变或者撤销市人民代表大会常务委员会制定的不适当的地方性法规。

第十条　市人民代表大会及其常务委员会应当加强对立法工作的组织协调，发挥在立法工作中的主导作用。

第二章　市人民代表大会制定地方性法规程序

第十一条　市人民代表大会举行会议的时候，主席团可以向市人民代表大会提出地方性法规案，由市人民代表大会会议审议。

市人民代表大会常务委员会、市人民政府、市人民代表大会各专门委员会，可以向市人民代表大会提出地方性法规案，由主席团决定列入会议议程。

第十二条　市人民代表大会代表十人以上联名，可以在大会议事规则规定的时间内向市人民代表大会提出地方性法规案，由主席团决定是否列入会议议程，或者先交有关的专门委员会审议、提出是否列入会议议程的意见，再决定是否列入会议议程。

专门委员会审议的时候，可以邀请提出地方性法规案的代表列席会议。

第十三条　拟向市人民代表大会提出的地方性法规案，在市人民代表大会闭会期间，可以先向常务委员会提出，经常务委员会会议依照本条例第三章规定的有关程序审议后，决定提请市人民代表大会审议，一般由常务委员会向大会全体会议作说明。

市人民代表大会常务委员会依照前款规定审议地方性法规案，应当通过多种形式征求市人民代表大会代表的意见，并将有关情况予以反馈；专门委员会和常务委员会工作机构进行立法调研，可以邀请有关的市人民代表大会代表参加。

第十四条　市人民代表大会常务委员会决定提请市人民代表大会会议审议的地方性法规案，应当在会议举行的三十日前将法规草案发给代表，并可以适时组织代表研读讨论，征求代表的意见。

第十五条　列入市人民代表大会会议议程的地方性法规案，大会全体会议听取提案人的说明后，由各代表团进行审议。

第十六条　列入市人民代表大会会议议程的地方性法规案，由有关的专门委员会进行审议，向主席团提出审议意见，并印发会议。但有关专门委员会在常务委员会审议中对该法规案已经提出审议意见的，在代表大会上可以不再提出审议意见。

第十七条　列入市人民代表大会会议议程的地方性法规案，由法制委员会根据各代表团和有关的专门委员会的审议意见，对法规案进行统一审议，向主席团提出审议结果报告和法规草案表决稿，经主席团会议审议通过后，印发会议。法制委员会对重要的不同意见应当在审议结果报告中予以说明。

第十八条　列入市人民代表大会会议议程的地方性法规案，必要时，主席团常务主席可以召开各代表团团长会议，就法规案中的重大问题听取各代表团的审议意见，进行讨论，并将讨论的情况和意见向主席团报告。

主席团常务主席也可以就地方性法规案中的重大的专门性问题，召集代表团推选的有关代表进行讨论，并将讨论的情况和意见向主席团报告。

第十九条　列入市人民代表大会会议议程的地方性法规案，在交付表决前，提案人要求撤回的，应当说明理由，经主席团同意，并向大会报告，对该法规案的审议即行终止。

第二十条　地方性法规案在审议中有重大问题需要进一步研究的，经主席团提出，由大会全体会议决定，可以授权常务委员会根据代表的意见进一步审议，作出决定，并将决定情况向市人民代表大会下次会议报告；也可以授权常务委员会根据代表的意见进一步审议，提出修改方案，提请市人民代表大会下次会议审议决定。

第二十一条　地方性法规草案表决稿，由主席团提请大会全体会议表决，由全体代表的过半数通过。

第二十二条　市人民代表大会通过的地方性法规，由主席团发布公告予以公布。

第三章　市人民代表大会常务委员会制定地方性法规程序

第二十三条　主任会议可以向市人民代表大会常务委员会提出地方性法规案，由常务委员会会议审议。主任会议可以委托常务委员会相关工作机构负责人在常务委员会全体会议上作地方性法规草案的说明。

市人民政府、市人民代表大会各专门委员会，可以向市人民代表大会常务委员会提出地方性法规案，由主任会议决定提请常务委员会会议审议，或者先交有关的专门委员会审议、提出意见，也可以委托常务委员会法制工作机构研究、提出意见，再决定提请常务委员会会议审议。如果主任会议认为法规案有重大问题需要进一步研究，可以建议提案人修改完善后再向常务委员会提出。

第二十四条　市人民代表大会常务委员会组成人员五人以上联名，可以向常务委员会提出地方性法规案，由主任会议决定是否提请常务委员会会议审议，或者先交有关的专门委员会审议、提出意见，再决定是否提请常务委员会会议审议。不提请常务委员会会议审议的，应当向常务委员会会议报告并向提案人说明。

专门委员会审议的时候，可以邀请提出地方性法规案的常务委员会组成人员列席会议。

第二十五条　拟提请常务委员会会议审议的地方性法规案，应当在会议举行的三十日前将法规案送常务委员会；未按规定期限送达的，一般不列入该次常务委员会会议议程。

第二十六条　有关的专门委员会对主任会议交付审议的地方性法规案，应当就制定该法规的必要性、合法性、可行性等问题组织调查研究，进行审议，并向主任会议提出是否具备提请常务委员会会议审议的条件的意见；建议将法规案列入常务委员会会议议程的，应当提出审议意见报告。

常务委员会会议审议地方性法规案，市人民代表大会有关的专门委员会或者常务委员会有关工作委员会应当组织起草部门向常务委员会组成人员解读法规草案。

第二十七条　决定提请常务委员会会议审议的地方性法规案，除特殊情况外，应当在会议举行的七日前将法规草案印发给常务委员会组成人员。

常务委员会组成人员应当对法规案进行研究，参加有关的调查研究活动和法规草案解读，准备审议意见。

第二十八条　列入常务委员会会议议程的地方性法规案，一般应当经两次常务委员会会议审议后交付下次常务委员会会议表决。常务委员会会议审议时各方面意见比较一致的，由主任会议决定，也可以在第二次常务委员会会议审议后交付该次会议表决。

列入常务委员会会议议程的地方性法规案，各方面意见比较一致的，由主任会议决定，可以经一次常务委员会会议审议后，交付下次常务委员会会议表决；调整事项较为单一或者部分修改的地方性法规案，各方面意见比较一致，或者遇有紧急情形的，由主任会议决定，也可以交付该次会议表决。

对于社会广泛关注的地方性法规案，可以增加常务委员会会议的审议次数。

第二十九条　常务委员会会议第一次审议地方性法规案，先在全体会议上听取提案人的说明，并听取有关的专门委员会的审议意见报告或者常务委员会法制工作机构的研究意见报告，再由分组会议就立法的必要性、可行性和法规草案中的主要问题进行审议。

常务委员会根据需要可以召开联组会议或者全体会议，对法规草案中的主要问题进行审议。

第三十条　地方性法规案经常务委员会会议第一次审议后，由法制委员会根据常务委员会组成人员、有关的专门委员会的审议意见和各方面提出的意见进行统一审议，提出审议结果报告和法规草案修改稿，由主任会议决定提请常务委员会会议第二次审议。对重要的不同意见，法制委员会应当在审议结果报告中予以说明。

法制委员会审议地方性法规案时，应当邀请有关的专门委员会的成员列席会议。

第三十一条　常务委员会会议第二次审议地方性法规案，先在全体会议上听取法制委员会关于法规草案审议结果的报告，再由全体会议或者分组会议对法规草案修改稿进行审议。

第三十二条　常务委员会会议审议地方性法规案时，如果提出专业性问题需要进一步研究的，可以由主任会议交有关的专门委员会进行研究，提出审议意见报告，并印发常务委员会会议和法制委员会。

第三十三条　地方性法规案拟经一次常务委员会会议审议后即交付该次会议表决的，先在常务委员会的全体会议上听取提案人的说明和有关的专门委员会的审议意见报告或者常务委员会法制工作机构的研究意见报告，然后由全体会议或者分组会议对法规草案进行审议。

法制委员会根据常务委员会组成人员和有关的专门委员会的审议意见，对地方性法规案进行统一审议，提出审议结果报告和法规草案表决稿，由主任会议决定提请该次常务委员会全体会议表决。

第三十四条　常务委员会会议第一次审议地方性法规案时，专门委员会或者常务委员会组成人员五人以上认为制定该法规的必要性、可行性等方面存在重大问题，可以提出搁置审议的动议，由主任会议提请常务委员会全体会议审议后表决。

搁置审议的地方性法规案，其重大问题得到解决的，可以由专门委员会或者常务委员会组成人员五人以上联名提出书面建议，由主任会议决定提请常务委员会会议继续审议，也可以由主任会议直接提请常务委员会会议继续审议。

第三十五条　地方性法规案经两次常务委员会会议审议后，仍有重大问题需要进一步研究的，由主任会议决定，可以暂不付表决，交法制委员会在会后进一步审议。

暂不付表决的地方性法规案，其重大问题得到解决的，法制委员会可以提出书面建议，由主任会议决定提请常务委员会会议再次审议。

第三十六条　常务委员会会议审议地方性法规案，应当安排必要的时间，保证常务委员会组成人员充分发表意见。

常务委员会会议审议地方性法规案，应当邀请市人民代表大会代表列席，可以邀请本市选举的全国人民代表大会代表列席，也可以安排公民旁听。

第三十七条　列入常务委员会会议议程的地方性法规案，法制委员会、有关的专门委员会和常务委员会工作机构应当听取市人民代表大会代表、区人民代表大会常务委员会和其他有关方面的意见。听取意见可以采取座谈会、论证会、听证会等多种形式。

地方性法规案有关问题专业性较强，需要进行可行性评价的，应当召开论证会。论证情况应当向常务委员会报告。

地方性法规案有关问题存在重大意见分歧或者涉及利益关系重大调整，需要进行听证的，应当召开听证会。听证情况应当向常务委员会报告。

地方性法规案有关问题部门间争议较大的，可以引入第三方开展评估，充分听取各方意见。评估情况应当向常务委员会报告。

常务委员会法制工作机构应当将地方性法规草案印发相关领域的市人民代表大会代表、区人民代表大会常务委员会以及有关部门、组织和专家征求意见，将意见整理后送法制委员会和有关的专门委员会，并根据需要，印发常务委员会会议。

第三十八条　列入常务委员会会议议程的地方性法规案，应当在常务委员会会议后将法规草案及立法背景、主要制度等事项的说明向社会公布，征求意见，但是经主任会议决定不公布的除外。向社会公布征求意见的时间一般不少于十五日。征求意见的情况应当向社会通报。

第三十九条　拟提请常务委员会会议审议通过的地方性法规案，在法制委员会提出修改情况报告前，常务委员会工作机构可以对法规草案中主要制度规范的可行性、法规出台时机、法规实施的社会效果和可能出现的问题等进行评估。评估情况由法制委员会在修改情况报告中予以说明。

第四十条　列入常务委员会会议议程的地方性法规案，在交付表决前，提案人要求撤回的，应当说明理由，经主任会议同意，并向常务委员会报告，对该法规案的审议即行终止。

第四十一条　列入常务委员会会议议程审议的地方性法规案，搁置审议满两年的，或者因暂不付表决经过两年没有再次列入常务委员会会议议程审议的，主任会议可以决定终止审议，并向常务委员会报告；必要时，主任会议也可以决定延期审议。

第四十二条　地方性法规草案修改稿经常务委员会会议审议后，由法制委员会根据常务委员会组成人员的审议意见进行修改，提出法规草案表决稿，由主任会议决定提请常务委员会全体会议表决。

第四十三条　常务委员会会议表决地方性法规草案表决稿的一天前，应当将表决稿印发常务委员会组成人员，并在全体会议上听取法制委员会关于法规草案修改稿修改情况的报告。

第四十四条　常务委员会组成人员五人以上联名，可以在表决地方性法规草案表决稿的全体会议召开的四小时前，书面提出对表决稿的修正案，由主任会议决定是否提请常务委员会会议审议。不提请常务委员会会议审议的，应当向常务委员会会议报告并向提出修正案的常务委员会组成人员说明。

提出地方性法规草案表决稿的修正案，应当写明修正的条款和理由。

第四十五条　常务委员会全体会议表决地方性法规草案表决稿时，有修正案的，先审议、表决修正案。

地方性法规草案表决稿及其修正案，由常务委员会全体组成人员的过半数通过。

第四十六条　地方性法规草案表决稿交付常务委员会会议表决前，主任会议根据常务委员会会议审议的情况，可以决定将个别意见分歧较大的重要条款提请常务委员会会议单独表决。

单独表决的条款经常务委员会会议表决后，主任会议根据单独表决的情况，可以决定将地方性法规草案表决稿交付表决，也可以决定暂不付表决，交法制委员会和有关的专门委员会进一步审议。

第四十七条　对多部地方性法规中涉及同类事项的个别条款进行修改，一并提出地方性法规案的，经主任会议决定，可以合并表决，也可以分别表决。

第四十八条　市人民代表大会常务委员会通过的地方性法规，由常务委员会发布公告予以公布。

第四章　地方性法规解释

第四十九条　本市地方性法规的解释权属于市人民代表大会常务委员会。

地方性法规的规定需要进一步明确具体含义的，或者法规制定后出现新的情况需要明确适用法规依据的，由常务委员会解释。

第五十条　市人民政府、市高级人民法院、市人民检察院和市人民代表大会各专门委员会以及区人民代表大会常务委员会，可以书面向市人民代表大会常务委员会提出地方性法规解释要求。

第五十一条　地方性法规解释草案，由常务委员会法制工作机构研究拟订，由主任会议决定提请常务委员会会议审议。

第五十二条　地方性法规解释草案经常务委员会会议审议，由法制委员会根据常务委员会组成人员的审议意见进行审议、修改，提出法规解释草案表决稿。

第五十三条　地方性法规解释草案表决稿由常务委员会全体组成人员的过半数通过，由常务委员会发布公告予以公布。

第五十四条　市人民代表大会常务委员会的地方性法规解释同地方性法规具有同等效力。

第五章　制定浦东新区法规的特别规定

第五十五条　为建立完善与支持浦东大胆试、大胆闯、自主改相适应的法治保障体系，推动浦东高水平改革开放，打造社会主义现代化建设引领区，市人民代表大会及其常务委员会根据《中华人民共和国立法法》的规定和全国人民代表大会常务委员会的授权决定，遵循宪法规定以及法律和行政法规基本原则，比照经济特区法规，制定浦东新区法规，可以对法律、行政法规、部门规章等作出变通规定，在浦东新区实施。

制定浦东新区法规，应当建立市委领导的统筹协调机制，立足在浦东全域打造特殊经济功能区的改革创新实践需要，注重发挥创新和变通作用，引领带动全市相关领域改革发展。

第五十六条　市人民代表大会常务委员会应当加强对浦东新区法规立法工作的组织协调。市人民代表大会各专门委员会应当会同市人民政府相关部门、浦东新区人民政府等建立常态化浦东新区法规立法工作机制，做好法规立项、起草、审议、推进实施相关工作。市人民代表大会常务委员会有关工作机构应当在浦东新区法规制定过程中，做好与全国人民代表大会常务委员会有关工作机构的沟通工作。

市人民政府相关部门应当深入研究需要在浦东新区先行先试的立法需求，提出立法项目建议，组织开展起草工作，经市人民政府法制工作部门审核后，由市人民政府提出浦东新区法规议案。市人民政府起草浦东新区法规草案过程中，应当做好与国家有关部门的沟通工作。

浦东新区应当结合引领区建设实践，提出立法项目需求和建议，起草浦东新区法规草案建议稿并全程参与浦东新区法规立法工作。

第五十七条　提出浦东新区法规案时，应当对变通法律、行政法规、部门规章等的情况以及制度创新情况作出说明。

浦东新区法规报全国人民代表大会常务委员会、国务院备案时，应当说明对法律、行政法规、部门规章等作出变通规定的情况。

第五十八条　常务委员会会议审议浦东新区法规案时，应当邀请浦东新区人民代表大会常务委员会、浦东新区人民政府有关负责人列席。

第五十九条　本市各级人民法院、人民检察院应当依法适用浦东新区法规。

市高级人民法院、市人民检察院应当根据需要制定支持浦东新区法规司法适用的规范性文件，并结合司法实践及时提出制定浦东新区法规的建议。

第六十条　对暂无法律、法规或者明确规定的领域，浦东新区人民代表大会及其常务委员会和浦东新区人民政府可以先行制定相关管理措施，并按程序报备实施。

市人民代表大会常务委员会应当建立常态化工作机制，及时将管理措施探索形成的经验做法以法规的形式予以固化。

第六章　其他规定

第六十一条　市人民代表大会及其常务委员会坚持科学立法、民主立法、依法立法，通过制定、修改、废止、解释、编纂等多种形式，发挥地方立法实施性、补充性、试验性作用。

第六十二条　市人民代表大会常务委员会通过立法规划和年度立法计划、专项立法计划等形式，加强对立法工作的统筹安排。编制立法规划和立法计划，应当认真研究代表议案和建议，广泛征集意见，科学论证评估，根据经济社会发展和民主法治建设的需要，按照加强重点领域、新兴领域、涉外领域立法的要求，确定立法项目。立法规划和立法计划由主任会议通过并向社会公布。

市人民代表大会常务委员会法制工作机构负责编制立法规划和拟订立法计划，并按照市人民代表大会常务委员会的要求，督促立法规划和立法计划的落实。

第六十三条　市人民代表大会常务委员会根据实际需要设立基层立法联系点，深入听取基层群众、有关方面对地方性法规草案和立法工作的意见。

第六十四条　市人民代表大会及其常务委员会根据区域协调发展的需要，可以会同有关省级人民代表大会及其常务委员会建立区域协同立法工作机制，协同制定地方性法规，在本行政区域或者有关区域内实施。

第六十五条　地方性法规草案由有关方面起草的，应当邀请市人民代表大会有关的专门委员会、常务委员会工作机构提前参与法规草案起草工作；综合性、全局性、基础性以及其他重要地方性法规草案，可以由有关的专门委员会或者常务委员会工作机构组织起草。

专业性较强的地方性法规草案，应当吸收相关领域的专家参与起草工作，或者委托有关专家、教学科研单位、社会组织起草。

第六十六条　市人民代表大会及其常务委员会可以根据改革发展的需要，决定就特定事项在规定期限和范围内暂时调整或者暂时停止适用地方性法规的部分规定。

暂时调整或者暂时停止适用地方性法规的部分规定的事项，实践证明可行的，由市人民代表大会及其常务委员会及时修改有关地方性法规；修改地方性法规的条件尚不成熟时，可以延长暂时调整或者暂时停止适用的期限，或者恢复施行有关地方性法规规定。

第六十七条　地方性法规案提请市人民代表大会或者常务委员会审议前，提出法规案的国家机关和部门应当对法规草案中重大问题的不同意见进行协调。

向市人民代表大会或者常务委员会提出地方性法规案，应当同时提出法规草案及其说明，并提供必要的参阅资料。修改地方性法规的，还应当提交修改前后的对照文本。法规草案的说明，应当阐明制定该法规的依据、必要性、可行性和主要内容，以及起草过程中对重大分歧意见的协调处理情况。

第六十八条　向市人民代表大会及其常务委员会提出的地方性法规案，在列入会议议程前，提案人有权撤回。

第六十九条　市人民代表大会各代表团或者常务委员会分组会议审议地方性法规案时，提案人应当派人听取意见、回答询问。

各代表团或者常务委员会分组会议审议地方性法规案时，根据代表团或者小组的要求，有关机关、组织应当派人介绍情况。

第七十条　专门委员会审议地方性法规案，应当召开全体会议；根据需要，可以要求有关机关、组织派有关负责人说明情况。

第七十一条　交付市人民代表大会或者常务委员会全体会议表决未获得通过的地方性法规案，如果提案人认为必须制定该法规，并具备提请审议条件的，可以在表决的六个月后按照本条例规定的程序重新提出，由主席团决定是否列入会议议程，或者由主任会议决定是否提请常务委员会会议审议；其中，未获得市人民代表大会通过的法规案，应当提请市人民代表大会审议决定。

第七十二条　地方性法规应当明确规定施行日期。

第七十三条　地方性法规标题的题注应当载明制定机关、通过日期。

经过修改的地方性法规，应当依次载明修改机关、修改日期。

第七十四条　市人民代表大会及其常务委员会通过关于法律性问题的决定，适用本条例规定的有关程序执行。

第七十五条　公布本市地方性法规的市人民代表大会主席团公告和常务委员会公告应当标明该法规的制定机关、通过和施行日期。

本市地方性法规通过后，其文本以及有关草案的说明、审议结果报告等，应当及时在《上海市人民代表大会常务委员会公报》、中国人大网、上海人大公众网以及《解放日报》、《上海法治报》上刊载。

在常务委员会公报上刊登的地方性法规文本为标准文本。

第七十六条　地方性法规明确要求有关国家机关对专门事项作出配套的具体规定的，有关国家机关应当自法规施行之日起一年内作出规定，法规对配套的具体规定制定期限另有规定的，从其规定。有关国家机关未能在期限内作出配套的具体规定的，应当向常务委员会说明情况。

第七十七条　市人民代表大会有关的专门委员会、常务委员会工作机构可以组织对有关地方性法规或者法规中有关规定进行立法后评估。评估情况应当向常务委员会报告。

第七十八条　市人民代表大会及其常务委员会通过的地方性法规，应当在公布后的三十日内报全国人民代表大会常务委员会和国务院备案。

第七十九条　市人民代表大会常务委员会工作机构等加强立法宣传工作，通过多种形式发布立法信息、介绍情况、回应关切。

第八十条　市人民代表大会常务委员会法制工作机构编制本市地方立法技术规范。

第八十一条　对实施本市地方性法规有关具体问题的询问，由常务委员会法制工作机构研究后予以答复，并报常务委员会备案。

第八十二条　市人民代表大会各专门委员会和常务委员会各工作机构，应当根据维护法制统一的原则和改革发展的需要，按照各自的职责范围，采取即时清理与全面清理、专项清理相结合的方法，适时对有关地方性法规进行清理，提出意见，由常务委员会法制工作机构进行汇总，向主任会议提出清理情况的报告；对法规的内容与法律、行政法规相抵触，与现实情况不适应，或者与相关法规不协调的，应当提出修改或者废止的建议。

市人民政府及其工作部门、市高级及中级人民法院、市人民检察院及其分院，应当根据地方性法规实施情况向市人民代表大会常务委员会提出清理法规的建议。

第八十三条　地方性法规的修改或者废止的程序，按照本条例第二章、第三章和第六章的有关规定执行。

地方性法规被修改的，应当公布新的法规文本。

地方性法规被废止的，除由其他地方性法规规定废止该法规的以外，应当予以公布。

第八十四条　地方性法规草案与其他地方性法规相关规定不一致的，提案人应当予以说明并提出处理意见，必要时应当同时提出修改或者废止其他地方性法规相关规定的议案。

法制委员会和有关的专门委员会审议地方性法规案时，认为需要修改或者废止其他地方性法规相关规定的，应当提出处理意见。

第七章　附则

第八十五条　本条例自2001年3月1日起施行。《上海市人民代表大会常务委员会制定地方性法规程序的规定》同时废止。